CB001002

Solicite nosso catálogo completo, com mais de 400 títulos, onde você encontra as melhores opções do bom livro espírita: literatura infantojuvenil, contos, obras biográficas e de autoajuda, mensagens espirituais, romances, estudos doutrinários, obras básicas de Allan Kardec, e mais os esclarecedores cursos e estudos para aplicação no centro espírita – iniciação, mediunidade, reuniões mediúnicas, oratória, desobsessão, fluidos e passes.

E caso não encontre os nossos livros na livraria de sua preferência, solicite o endereço de nosso distribuidor mais próximo de você.

Edição e distribuição

EDITORA EME
Caixa Postal 1820 – CEP 13360-000 – Capivari-SP
Telefones: (19) 3491-7000 | 3491-5449
Vivo (19) 9 9983-2575 ☎ | Claro (19) 9 9317-2800
vendas@editoraeme.com.br – www.editoraeme.com.br

RICARDO ORESTES FORNI
ROMANCE SOBRE DESOBSESSÃO

Capivari-SP
–2020–

© 2020 Ricardo Orestes Forni

Os direitos autorais desta obra foram cedidos pelo autor para a Editora EME, o que propicia a venda dos livros com preços mais acessíveis e a manutenção de campanhas com preços especiais a Clubes do Livro de todo o Brasil.

A Editora EME mantém o Centro Espírita "Mensagem de Esperança" e patrocina, junto com outras empresas, instituições de atendimento social de Capivari-SP.

2ª reimpressão – julho/2020 – de 5.501 a 6.000 exemplares

CAPA | André Stenico
PROJETO GRÁFICO E DIAGRAMAÇÃO | Marco Melo
REVISÃO | Sonia Rodrigues Cervantes

Ficha catalográfica

Forni, Ricardo Orestes, 1947
   O ódio e o tempo / Ricardo Orestes Forni –
2ª reimp. jul. 2020 – Capivari, SP: Editora EME.
   256 p.

   1ª ed. jan. 2020
   ISBN 978-85-9544-132-3

1. Romance espírita. 2. Mediunidade.
3. Trabalho de desobsessão. 4. Influência do mundo espiritual.
I. TÍTULO.

CDD 133.9

SUMÁRIO

Capítulo 1
　A tempestade 9
Capítulo 2
　Alexandra 23
Capítulo 3
　O perigo da noite 35
Capítulo 4
　No dia seguinte 43
Capítulo 5
　No jantar 53
Capítulo 6
　Novas tramas 63
Capítulo 7
　Os primeiros contatos 75
Capítulo 8
　Tempos longínquos 83
Capítulo 9
　Atritos que abrem portas 91

Capítulo10
Floriano e Alfredo 101

Capítulo 11
Novo comparecimento 109

Capítulo 12
Samia e Osman 117

Capítulo 13
A conversa 127

Capítulo 14
Osman prossegue 137

Capítulo 15
Nova "visita" 145

Capítulo 16
A decisão de Alexandra 157

Capítulo 17
Os fatos se complicam 169

Capítulo 18
O telefonema 181

Capítulo 19
Mais problemas 191

Capítulo 20
A mais estranha das noites 203

Capítulo 21
A proposta 215

Capítulo 22
O auxílio inesperado 225

Capítulo 23
O bem prossegue 233

Capítulo 24
Promessa cumprida 239

O ódio é o amor que enlouqueceu.
Emmanuel (Chico Xavier)

Capítulo 1

A TEMPESTADE

As nuvens carregadas a rolarem desordenadamente sobre a cidade prenunciavam um ameaçador temporal.

O vento forte sacudia os galhos mais robustos das árvores com violência. Alguns se dobravam até o caule ante a força da Natureza.

As estrelas se escondiam dos olhos humanos para não contemplar a cidade ameaçada pela fúria de Éolo, o deus dos ventos.

Relâmpagos marcavam a sua presença correndo de um lado para o outro entre o escuro da noite como se fugissem desordenadamente uns dos outros.

Os trovões também compareciam com seus ruídos característicos como a lembrar aos moradores daquele centro urbano de que também faziam parte do quadro preocupante.

Álvaro, jovem de vinte e oito anos, próximo de uma janela ampla da residência, contemplava a tudo refletindo sobre os sentimentos que se agitavam em seu interior semelhante à tempestade que se avizinhava com o detalhe de que, a fúria interna era, talvez, muito maior do que a contemplada através dos vidros embaçados como se estivessem assustados com o quadro lá de fora, diante do espetáculo sombrio do céu coberto de nuvens escuras e agitadas como se procurassem um abrigo para elas mesmas.

Apesar do quadro ameaçador da Natureza, não havia dúvidas no coração de Álvaro. A tempestade interior era mais assustadora e devastadora do que a exterior!

"Alexandra, Alexandra! Por que tudo se complicou desse jeito?!" – pensava ele entre tantas outras coisas que abalavam sua capacidade de raciocinar.

Seu exame de consciência revelava parcela de culpa no seu desentendimento com a esposa e a desestruturação do lar, o envolvimento da amiga Alexandra em acusações das quais ela não tinha culpa, o perder de rumo da sua existência atual com a demissão do emprego gerada por uma sucessão de erros de sua parte.

Ponderava que nisso tudo poderia haver a participação de algum desafeto desencarnado que lhe viera cobrar alguma dívida do passado.

Abalado em suas convicções religiosas pelo desequilíbrio emocional que se instalara em seu ser, Álvaro raciocinava desconhecendo as explicações que lhe assaltavam a mente onde se infiltrara, devido a sua invigilância, um grupo de espíritos das trevas.

Tinha a impressão de que os questionamentos que desfilavam em sua cabeça eram vozes de fora que invadiam a sua capacidade de raciocinar, arrombando a porta dos seus conhecimentos religiosos.

Apenas a lembrança fugidia da figura doce de Alexandra representava momentos fugazes de calmaria e a certeza de que tudo valera a pena.

E a voz exterior que teimava penetrar-lhe o ser insistia em indagações descabidas a quem detinha conhecimentos espíritas como ele.

Mas que Deus era esse que as religiões apresentavam como sendo a expressão máxima do amor e que, mesmo assim, era capaz de punir Seus filhos com requintes de crueldade?

Ou será que, em realidade, esse ser nem existia?

Sim! Mais compatível com a realidade essa hipótese porque o amor não pode abrigar o rancor, o ódio, a satisfação de infringir sofrimentos às criaturas que Ele mesmo havia dado origem!

Não era tudo obra d'Ele?! Como, então, permitir que a dor, o desespero, se abatessem sobre seus filhos como todos os dias os mais variados fatos da vida assim demonstravam?

Que Deus era esse que permitia a criança deficiente mental ou física ao lado de outra absolutamente perfeita, quando não portadora de genialidade?

Que Deus era esse que desde a mais remota era permitia que as agressões do mundo atingissem Suas criaturas como nos casos dos flagelos impostos pela Natureza ao homem?

Gostaria de perguntar a Ele sobre aqueles que catavam no lixo o que comer, enquanto outros atiravam fora o excesso de alimentos que lhe serviam à mesa.

Onde estava esse Deus quando uma criança inocente era diagnosticada com câncer a consumir-lhe o corpo, enquanto os atletas brilhavam nas mais diversas competições sobre a face do planeta?

Álvaro detinha a cabeça entre as mãos procurando bloquear seus ouvidos como se esses pensamentos viessem de ponderações exteriores, mas a voz que vinha de fora também estava dentro dele num mecanismo aterrador e incompreensível, o que o levava a esfregar as mãos com desespero pelo crânio todo enquanto as perguntas perturbadoras prosseguiam sem piedade.

As interrogações eram tantas que daria para escrever um livro aniquilando a hipótese da existência desse Ser superior!

E a voz impiedosa prosseguia na sua tarefa destruidora como a tempestade que ensaiava desabar sobre a cidade.

As religiões O defendiam como meio de sobreviverem à custa d'Ele financeiramente, algumas até construindo verdadeiras fortunas.

Mas a realidade era bem outra. Não pode existir o bem supremo que não se comove diante do mal que atinge Suas criaturas!

Sim. Era um raciocínio tão simples! E como a imensa maioria não se apercebia dessa realidade gritante?!

Onde está esse Deus quando poucos retêm e detêm o muito em prejuízo da maioria que não tem o mínimo para sobreviver?!

Deus! Deus! Ora! Que Deus é esse?!

Um Deus todo-poderoso que não impede as guerras em que homens se matam em lutas fratricidas em nome do orgulho de poucos!

Um Deus que não impede os flagelos que atingem a Humanidade?!

Um Deus que não proporciona a igualdade social?! Que deixa no mundo os maus e leva os bons?!

Ora! Por favor, não me falem de um amor que não socorra a Terra impedindo as lágrimas das mães cujos filhos partiram para o nada antes delas!

Que não enxuga as lágrimas das mães cujos filhos estão recolhidos às prisões imundas, física e moralmente considerando!

Um Deus que não se comove com as mães que se debruçam sobre o leito dos filhos enfermos e sem recursos perante a medicina dos homens, vendo-os partir em direção a um fim inexorável!

Não! Definitivamente, não me falem desse Deus que não existe!

Álvaro se debatia em profunda angústia pelo choque de pensamentos incompatíveis com tudo que aprendera na casa espírita em companhia da amiga Alexandra e de Valéria, sua esposa.

Essas ideias invadiam-no e corriam pela sua mente mais rápidas do que os relâmpagos na noite de tempestade que o jovem contemplava através dos vidros da casa onde se abrigava.

Talvez a fúria do tempo lá de fora que se prenunciava sobre a cidade ficasse aterrorizada com a tempestade interior de Álvaro!

Um forte trovão antecedido por um relâmpago levou à falta de luz naquele trecho da cidade.

Álvaro tateou por entre os móveis porque conhecia o caminho e sentou-se em uma poltrona da sala.

Sem entender como e muito menos por que motivo, pensamentos totalmente diferentes dos anteriores começaram a desfilar pela sua mente.

"As nuvens aparecem no céu, mas não obscurecem o Sol. Suportemos as dificuldades e as provações do caminho; aguentemos as rajadas de sombra que nos experimentam a confiança e sigamos à frente, sabendo que as mãos de Jesus amparam as nossas.

Olhando para o céu da nossa existência num planeta de provas e expiações, podemos afirmar que vemos a maior parte do tempo um céu de brigadeiro ou aquele céu acinzentado da época de inverno com pesadas nuvens cúmulos-nimbos tão temidas nos transportes aéreos?

Como costumamos ficar restritos e preocupados apenas com o nosso céu, muitas vezes julgamos que o do vizinho seja sempre o tão cobiçado céu de brigadeiro, enquanto o nosso vive ameaçado pelo *mau tempo*.

É difícil saber o que se passa debaixo do telhado alheio, já anuncia sabiamente o dito popular.

Se nos hospedamos num hotel de poucas estrelas não podemos esperar por mordomias que os estabelecimentos luxuosos proporcionam àqueles que neles se hospedam.

Se utilizarmos um mapa para sondar a posição do nosso

planeta no Universo, veremos que nenhuma razão existe para o homem abrigar dentro de si tanto orgulho e vaidade. Um minúsculo grão de areia que se torna quase invisível por entre as constelações gigantescas que transitam de um lado para o outro no infinito da criação Divina.

Ora, como esperar dessa maneira um céu de brigadeiro nessa escola assim tão humilde na constelação dos astros? Seria o mesmo que dormir ao relento esperando receber as maiores mordomias de uma hotelaria de cinco estrelas.

Estamos num planeta de provas e expiações onde o céu de cada um de nós reflete a colheita da semeadura que realizamos ou estampa as lições de que necessitamos para justificar o objetivo da reencarnação que é nosso progresso intelecto moral.

Necessitamos entender o alerta de que nuvens aparecem, mas não obscurecem o sol. Ainda não entendemos essa verdade grandiosa. Prova disso é que, ao surgimento da menor nuvem em nosso horizonte, nos comportamos como se estivéssemos debaixo de uma tempestade atroz!

Existirão acontecimentos que darão ao nosso céu um aspecto carrancudo, carregado, de mau presságio de muitas dificuldades. Isso não quer dizer que o sol se apagou. Acima das nuvens carregadas veremos que o sol continua brilhando. Deus é esse sol que não se apaga de nossas vidas, mesmo quando se avolumam as nuvens dos problemas em torno de nossos passos."

A existência de pensamentos tão opostos que se digladiavam em seu interior levando-o a um total desequilíbrio emocional fez que abaixasse a cabeça e a colocasse entre as pernas enquanto procurava uma explicação para todos aqueles acontecimentos.

De repente, num salto rápido, Álvaro levantou-se, passou as mãos pela cabeça e balbuciou aflito:

– Estou ficando louco! Só pode ser isso! O que está acontecendo com a minha mente? Sou eu quem está raciocinando ou alguma criatura dentro de mim, fruto da minha imaginação sobrecarregada de problemas? Estarei vivenciando uma dupla personalidade ou a um passo da loucura com as dificuldades que, de repente, parecem ter desabado sobre minha pessoa? – perguntou em voz alta esperando que alguém lhe respondesse.

Analisando além do ambiente físico sombrio e solitário onde ele se encontrava, na dimensão espiritual da casa eram encontradas condições semelhantes onde a sombra predominava ocupando uma determinada parte daquele recinto. Em outra parte, porém, na mesma dimensão, a luz se fazia presente, situação essa não visível aos olhos de Álvaro.

Na parte onde a ausência de luz era muito acentuada, entidades sombrias se regozijavam com o desespero de Álvaro, demonstrando essa alegria com gargalhadas, gritos e comemorações sinistras sob o comando de uma delas que, subitamente, interrompeu a algazarra impondo-se sobre as demais.

– Calem-se, idiotas! Querem que sejamos descobertos pelos covardes do Cordeiro? Não sabem que trabalham em surdina procurando nos surpreender? Atacam-nos suavemente com conversa macia e enganosa. Precisamos estar alertas para rechaçá-los! Chega de tanto alarido! Vamos vigiar nosso "amigo" encarnado sugerindo-lhe pensamentos que o levarão ao desequilíbrio e à derrota, sem nos descuidarmos dos escravos do Cordeiro! Ele pode estar sendo amparado pelos covardes da "luz" que se escondem atrás de uma falsa bondade para capturar-nos em suas armadilhas atraentes, porém, mentirosas.

E o espírito das trevas não estava enganado. Na parte iluminada da sala na dimensão dos desencarnados, entidades voltadas ao bem do ser humano e que trabalhavam em nome da misericórdia Divina estavam presentes e vigilantes.

– Nosso companheiro Álvaro está recebendo nossas sugestões intercaladas com as emissões dos pensamentos dos nossos irmãos infelizes que se entregam ao prazer doentio de disseminar a desistência das lutas na jornada terrestre.

O mais oculto dos pensamentos emite ondas perceptíveis a nossa dimensão, de maneira que ninguém pensa sozinho.

O espírito encarnado é semelhante a uma poderosa antena que emite e recebe as energias do meio em que está mergulhado. Quando voltado ao bem, energias benéficas penetram-lhe pelo psiquismo banhando de equilíbrio seu corpo físico e mental. Entretanto, se opta pelo desespero, pela falta de fé, alcança-o energias de entidades da sombra desejosas de empurrá-lo cada vez mais para o desespero e o desequilíbrio.

Deus permite a cada uma das Suas criaturas o livre-arbítrio para que possamos escolher livremente e nos tornarmos responsáveis pela colheita das semeaduras que realizamos.

E as trevas prosseguiam com ironia:

– Esse nosso "amiguinho" está nos pedindo auxílio para livrar-se dos graves problemas que se avizinham no pressentimento dele. Iremos ajudá-lo para que eles se confirmem levando-o a um desequilíbrio cada vez maior! Vamos colaborar para conduzi-lo à ideia de desistência da luta e a fuga dessa vida que não compensa! Se alcançarmos nosso objetivo, será mais um a engrossar nossas fileiras, além do terrível golpe que aplicaremos nesse tal de espiritismo em torno do qual se reúnem os covardes trabalhadores do Cordeiro! Já imaginaram o abalo que promoveremos se algum deles terminar a vida por meio do suicídio?

A algazarra dos espíritos sob o comando do chefe das trevas aumentou em comemoração a essa possibilidade, provocando a ira do comandante!

– Calem-se, já disse! Fiquem atentos! Para alcançarmos nosso objetivo precisamos impedir que os "escravos" do Cordeiro interfiram em nosso trabalho. São fracos e covardes, mas precisamos de muita cautela contra eles. De fala mansa procuram confundir aqueles de nós que estão indecisos. Não admitirei que ninguém sob o meu comando vacile em nosso objetivo! Que ninguém fracasse em nosso trabalho! Por isso mesmo, prestem atenção para que não sejamos descobertos. A escuridão que se abateu sobre a cidade nos favorece. O desespero do nosso "amigo" é uma escuridão interior maior do que a ausência de luz na casa onde ele mora. A hora é propícia para o nosso sucesso. Mas não se enganem! Os "escravos" do Cordeiro podem estar por perto! Eles, não sei como, enxergam no escuro! Pessoal atrevido e de grande conversa vazia, mas enganosa!

E os servidores da luz, captando as colocações das trevas, sentiam tristeza daquela atitude dos espíritos enganados quanto às leis de Deus. Eram as principais vítimas da própria maldade!

– Pobres infelizes que planejam a própria ruína quando pensam em prejudicar ao seu próximo totalmente esquecidos da lei de amor que vige em todo o Universo.

Infelizmente, enquanto no esconderijo do corpo, o espírito encarnado também se esquece dessas mesmas leis ao confundir o veículo físico que se inicia no berço e termina no túmulo com o ser espiritual, esse sim, filho do Altíssimo e digno de toda a sua atenção e auxílio.

Acostumados a interpretar a matéria como o ser que é herdeiro da vida eterna, o homem se lança com desespero a defender o seu corpo material que nada mais é do que o uniforme que se utiliza para frequentar a escola da Terra e que caminha para a morte, mais dia, menos dia.

Preocupa-se tanto com o ser de carne e ossos que se esquece de investir no espírito imortal.

Ao ignorar o encarnado a existência do mundo espiritual, rico de vida em seu redor, torna-se vítima mais fácil da ação desses nossos irmãos dedicados a disseminar o fracasso moral entre aqueles que duvidam. Quanto mais dúvida, menos cuidado.

Quanto menos cuidado, mais fácil para as entidades da sombra agirem. Quem não crê que o ladrão existe, não fecha a porta e janelas da casa. Quem não crê na existência dos espíritos e o quanto podem interagir com os encarnados, mantém abertas as janelas mentais por onde penetram as sugestões de tragédia aos menos cuidadosos como acontece agora com nosso irmão Álvaro. Seria por acaso que Jesus sugeriu a oração com vigilância quando da sua estadia entre os homens?

De repente, assim como havia apagado, a luz retornou à residência de Álvaro e sua filhinha de apenas quatro anos de idade entrou correndo sala adentro em direção aos braços do pai que estampou um sorriso de alegria e alívio na face antes amargurada.

– Papai! Papai! Estou com medo do escuro! Sonhei com um lobo muito peludo e que babava muito de raiva!

A voz da criança trouxe o antídoto para as angústias do pai que prontamente se restabeleceu do seu desespero para acolher a filhinha.

– Fica tranquila, minha filha. Agora o lobo foi embora e não vem mais atrás de você porque o papai está aqui para protegê-la!

– Não, papai! O lobo vinha atrás de você!

– Mas o lobo falava, Bruninha?

– Ele mexia o focinho como se fosse gente, papai! E as palavras iam saindo daquela boca enorme!

O pai sorriu diante da colocação da filha e explicou:

– Ah! Já sei! Você sonhou com a história do "Chapeuzinho vermelho" em que o lobo malvado comeu a vovozinha, minha filha!

– Não, papai! Era você que o lobo procurava. Ele me perguntou de você!

Álvaro tornou a sorrir das palavras e da imaginação fértil da filha.

"Como a mente das crianças é criativa!" – raciocinou.

– Álvaro supõe que tudo é fruto da imaginação da menina. Mas seu sono foi invadido pela figura que comanda a turba de espíritos infelizes que invadiu seu lar. A criança o viu em forma de lobo, tamanha é a ferocidade dos sentimentos que o invasor do lar apresenta. Está procurando levar perturbação a todos os componentes da família. As crianças, por conta de a reencarnação ainda estar em curso e se completar ao redor dos sete anos de vida física, percebem a realidade espiritual com mais nitidez. Por isso a menina Bruna narra ao pai a história do lobo, mas que em realidade é o comandante dos espíritos infelizes que estão em busca de Álvaro – ponderou o espírito encarregado de amparar o lar e os seus moradores.

Quando a criança se aninhou no colo do pai sentindo-se amplamente protegida, Valéria, sua esposa jovem de apenas vinte e quatro anos, também adentrou a sala.

– Que susto Bruna me deu, Álvaro! Saiu gritando do seu quarto assim que a luz retornou. O que aconteceu com ela?

– Sonhos de criança, Valéria. Sonhou com o lobo mau da história do Chapeuzinho vermelho onde o lobo come a vovozinha que de vez em quando contamos para ela.

– E ficou assustada com o lobo que queria comê-la também, querido? – disse Valéria sorrindo para o marido e apontando a filha.

– Não, mamãe! Eu sonhei com um lobo que falava! E ele estava atrás do papai! – interrompeu a menina.

– Mas que lobo mais atrevido esse do seu sonho, minha filha! Além de comer a vovozinha agora veio atrás de mim? Será que faço parte do cardápio dele, Valéria? – perguntou à esposa piscando à colocação que fizera.

– Ah! Bruninha! Nas histórias e nos sonhos os animais falam mesmo, mas é tudo fruto da nossa imaginação, meu bem! – considerou a mãe.

– Exatamente o que disse a ela, Valéria. Mas o papai está aqui para proteger a nossa boneca! – disse aninhando com muito carinho a filha entre os braços.

Após alguns minutos em que o casal ficou acarinhando a filha, Valéria comentou:

– Estava lendo uma mensagem antes de a luz apagar, Álvaro. Dá o que pensar nela pela mensagem de alerta muito útil a todos os encarnados que vivenciam problemas graves.

– Foi distribuída lá no Centro Espírita Alvorada Nova que frequentamos, Valéria?

– Sim. Foi. Na verdade, é uma página psicografada obtida nos trabalhos mediúnicos que se realizam naquela casa espírita.

– E tem algum título, querida?

– Tem e muito sugestivo para abordar o tema a que se propõe.

– E qual é o tema e o título, Valéria? Agora você me deixou curioso.

– O espírito comunicante deu o nome à mensagem de "Fuga fracassada". Olha que título!

– Sim, mas referindo-se a que assunto?

– Ao suicídio, Álvaro. Relata a experiência de um encarnado que procurou a fuga aos problemas angustiantes que vivenciava por meio do suicídio e constatou o fracasso da tentativa ao verificar que a vida do espírito jamais se interrompe com a morte do corpo, como acreditam os infelizes suicidas procurando essa saída enganosa, aniquilando o próprio corpo!

Álvaro emudeceu e ficou lívido, fato que não foi percebido por Valéria que jamais poderia supor que tal ideia estivesse rondando a mente do marido.

– E disse mais o espírito comunicante na mensagem: que os espíritas, apesar de saberem de toda essa realidade, muitas vezes sucumbem a essa tragédia quando envolvidos por espíritos obsessores em busca de desforra ou pelo simples prazer de induzir os encarnados a essa situação desesperadora que nada soluciona, antes agrava tudo o que o ser humano possa estar experimentando no auge dos seus problemas.

Álvaro enterrou o corpo na poltrona agarrando-se à filha adormecida em seus braços, como se desabasse em um precipício procurando segurar-se de alguma forma para deter a queda.

Valéria prosseguiu:

– E como mais se pedirá a quem mais tiver sido dado, conforme ensinou Jesus, imagine o sofrimento atroz de um espírito que tendo o conhecimento espírita enquanto encarnado, se entregue ao desequilíbrio total do suicídio!

Álvaro enterrou-se ainda mais na poltrona como se quisesse se esconder dessa realidade dura anunciada pela esposa que observou:

– Álvaro, cuidado com a coluna, amor! Está sentado de mau jeito. Isso pode acarretar problemas no futuro a você.

– Realmente, Valéria. Estou mal! Muito mal!

– Como assim, querido?

E ele corrigiu rápido.

– Mal acomodado, amor! Na poltrona!

– Ah! Sim. Ainda bem que percebeu. Corrija em tempo!

– Claro! O mais rápido possível! Mas que não é fácil, não é. Aliás, é extremamente difícil!

– Querido! O que está acontecendo?! Está tudo bem com você? Que palavras estranhas só porque comentei sua posição na poltrona! Creio que está precisando de um bom sono!

– Você nem imagina como, Valéria! De um bom e profundo sono! Se conseguir...

– Álvaro! Lá vem você de novo com essas palavras sem sentido! A não ser que esteja me escondendo alguma coisa!

– Totalmente sem sentido, amor! Totalmente. Me desculpe. Vamos descansar com a nossa menina.

Alguns minutos céleres duraram o pesadelo no qual desfilaram todas as cenas descritas e Álvaro acordava daquele sonho mau em que se desenrolaram tantos conflitos como se fosse a mais evidente realidade.

Passou a mão pela testa banhada em intenso suor como procurando afastar de sua mente o mais indesejável de todos os pesadelos que tivera até então!

Estava em seu leito confortável e na segurança de sua casa.

Felizmente havia tudo sido um sonho. Um horrível pesadelo!

"Mas qual o motivo daquilo tudo?!" – perguntava-se mergulhado em profunda meditação.

Capítulo 2

ALEXANDRA

ALEXANDRA ERA TRABALHADORA NO Centro Espírita Alvorada Nova com Álvaro e outros companheiros.

Moça ainda jovem com apenas vinte anos e de beleza marcante que continha um apelo sexual – *sex appeal* – bastante intenso em sua aparência, embora se vestisse de maneira normal para uma pessoa na idade dela, sem as extravagâncias que muitas vezes caracterizam determinadas mulheres, mas mexia com os pensamentos mais íntimos do sexo masculino.

Álvaro não conseguia ignorar a sua beleza exuberante.

Apesar de vestir-se com discrição em sua frequência à casa espírita, o corpo muito bem proporcionado como que ultrapassava os limites da vestimenta, por mais que as roupas disfarçassem o seu conteúdo.

Embora conhecedor das orientações da doutrina, Álvaro era um espírito reencarnado num planeta de provas e expiações e sujeito aos apelos dos atrativos do mundo material.

Alexandra tinha muita afinidade com o companheiro de trabalho na casa espírita, mas jamais se insinuara a ele e a nenhum outro homem, mantendo-se num comportamento de respeito esperado dela como dos demais frequentadores daquela casa de oração.

Mesmo para com os jovens solteiros, Alexandra mantinha-se com o respeito devido.

Entretanto a sua beleza física e a atração que exercia sobre os homens, apesar do seu comportamento discreto, não passavam despercebidas às entidades das trevas desejosas de se aproveitar desses "ingredientes", principalmente os sexuais, para incitar os desejos não confessáveis aos espíritos cuja evolução espiritual ainda não lhes conferia a devida resistência aos poderosos apelos do sexo ainda não submetidos totalmente ao devido controle.

Foi baseado nessa realidade que o comandante dos espíritos voltados para o mal dos encarnados, e que estivera presente no pesadelo de Álvaro elaborou o plano para levar ao comprometimento moral do rapaz e de sua companheira de trabalho na casa espírita, e, por extensão à própria casa, como se dessa maneira pudesse atingir a doutrina dos espíritos.

Dizia ele aos seus comandados com ares da vitória que julgava já alcançada:

– Companheiros! Esses dois jovens no auge de suas energias sexuais nos serão muito úteis. Álvaro procura disfarçar e até mesmo lutar muito contra seus desejos ocultos, mas a beleza da companheira não passa indiferente aos seus apelos masculinos. O sexo é o nosso grande aliado! Aliás, diria que é o nosso maior aliado. Esses fracos servidores do Cordeiro, com a nossa ajuda, sucumbirão, mais dia, menos dia, aos apelos de seus corpos físicos jovens e vigorosos, repleto de apelos e energia oriunda da atração sexual como verão. Mas meus planos não param por aí! Tenho ambições maiores! Quero levá-los ao extremo do desequilíbrio, quando então serão convidados para a saída "honrosa" do suicídio!

Estrondosa e histérica gargalhada preencheu com energias extremamente negativas o ambiente próximo ao centro espírita onde a entidade se encontrava, já que sua aproximação maior do núcleo de trabalhos em nome de Jesus não era permitida pelos guardiões responsáveis pela defesa dos trabalhos, fato esse que mais irritava ao espírito trevoso.

– Não posso chegar até lá onde os covardes do Cordeiro se reúnem, mas estarei sempre vigilante quando estiverem fora daquela "fortaleza". Vigiarei e aproveitarei todas as menores oportunidades a meu favor e que serão muitas pelo que estou percebendo. Conheço bem a criatura humana! Sucumbem fácil, principalmente aos apelos do sexo! Como Alexandra é muito bonita e Álvaro é um homem normal, meu trabalho não será muito difícil. É só uma questão de tempo, persistência, aguardando as oportunidades.

Obviamente que os espíritos voltados a alertar os encarnados que tinham se constituído no alvo dos obsessores também se faziam presentes na vida de Alexandra e Álvaro, como nos demais frequentadores do Centro Espírita Alvorada Nova.

– Os planos desse nosso irmão e seus seguidores no caminho do mal que procuram levar aos semelhantes obstáculos em sua jornada terrestre são extremamente perigosos e preocupantes porque têm como arma principal as forças genésicas ainda muito mal controladas pelos encarnados. O sexo sob o domínio da moral é força criadora. Da mesma forma, quando domina o encarnado transforma-se em meio de grandes comprometimentos. Alexandra e Álvaro são amigos que se querem bem e se respeitam, mas as entidades das trevas escolheram uma arma muito eficaz para se infiltrarem entre os dois com a intenção de levá-los ao desequilíbrio perante a própria consciência. O sexo possui energia que poderá ser direcionada para o comprometimento moral de grande significado. Na faixa evolutiva em que os espíritos reencarnados num planeta de provas e expiações se encontram, raros são aqueles que conseguem canalizar essa energia para situações de equilíbrio com construções positivas para si mesmos e para seus semelhantes.

"Alexandra e Álvaro realmente estão em grande perigo! Permaneceremos a postos no campo do auxílio, utilizando o conhecimento que os dois possuem da doutrina espírita. Entretanto, conhecer, infelizmente, não é garantia de praticar por conta das imperfeições de que somos portadores e que favorecem nossas quedas, principalmente em planos elaborados pelas entidades das trevas conhecedoras de nossas fraquezas.

"A luta vai ser árdua. A nossa tarefa vai demandar muita confiança na ajuda de Jesus que jamais nos abandona. Os espíritos trevosos não querem apenas o envolvimento dos dois jovens. Querem comprometer a doutrina por erros que eles possam se permitir. Permaneçamos no trabalho do bem em favor de nossos semelhantes e que resulta no trabalho em favor de nós mesmos."

Alexandra e Álvaro exerciam suas atividades beneficentes no setor de serviço fraterno na Casa Espírita Alvorada Nova, o que proporcionava o encontro dos dois nos dias consagrados a esse tipo de atividade.

Se cumprimentavam na chegada e no término do trabalho com um abraço fraterno e um carinhoso beijo na face, atitude essa consagrada entre os jovens.

Com o correr do tempo, Álvaro passou a reparar no perfume discreto da companheira, fato esse que nunca havia chamado sua atenção.

Esse detalhe foi se acentuando de tal maneira que Álvaro desejava que o abraço se prolongasse por um tempo maior a cada encontro dos dois.

Quando os cabelos fartos, sedosos e levemente ondulados de

Alexandra lhe roçavam discretamente a face, ele era invadido por uma sensação de bem-estar muito grande.

Gostaria de correr seus dedos por aqueles fios acastanhados que se debruçavam como cachoeira levemente dourada sobre os ombros da jovem.

Ao mesmo tempo inspirava mais profundamente o perfume suave daquela pele levemente amorenada e que despertava nele divagações não recomendáveis a um homem casado e pai da menina Bruna.

Com esse desequilíbrio instalado em Álvaro de maneira discretamente progressiva e que se tornara imperceptível ao encarnado, estabelecia-se uma ligação mental a distância com o obsessor que mesmo não podendo adentrar a casa espírita, conseguira instalar um canal de comunicação com o rapaz, exatamente por onde ele recebia sugestões perigosas quando se aproximava de Alexandra por descuidar-se da oração e vigilância recomendada pelos ensinamentos de Jesus.

O obsessor exultava!

– Ah! Como vai indo bem o meu "amigo"! Alexandra realmente é uma joia perfeita em forma de mulher! Que homem normal pode ficar impassível diante de tanta beleza? Isso, meu rapaz! Utilize alguma desculpa, faça um elogio discreto e retenha Alexandra alguns segundos a mais junto a você. Com o tempo o sentimento poderá vir a ser recíproco! Colaboraremos com você, meu "amigo"!

Parou algum tempo o espírito trevoso suas sugestões ao jovem pai de Bruna e continuou, agora com vibrações de ódio que lhe deformavam a aparência lembrando a figura de um lobo. Um lobo voraz sedento por disseminar o desequilíbrio entre os encarnados.

– Escravos do Cordeiro! Verão do que sou capaz! Mesmo a distância irei vencê-los porque tenho uma arma infalível: os apelos vigorosos do sexo!

Como sempre acontece junto aos encarnados, os espíritos voltados ao bem do próximo também enviavam suas sugestões destinadas a equilibrar os sentimentos de Álvaro que se avizinhava cada vez mais de sério comprometimento da sua consciência, arrastando com ele a companheira de trabalho na casa espírita.

Nos momentos em que o moço abraçava Alexandra, os espíritos lembravam-lhe a figura da filhinha Bruna e a dedicação e o carinho de Valéria, a esposa amorosa e dedicada.

Nesses instantes o ânimo de Álvaro arrefecia e sua consciência freava seus impulsos nessa luta que caracteriza a luta entre o bem e o mal, entre a luz e a sombra.

Contudo, os momentos de autocontrole eram menores do que o impulso de exaltação provocado pela beleza de Alexandra auxiliada pelas sugestões do espírito das trevas tudo voltando à estaca zero no trabalho do bem.

– Não tem namorado, Alexandra? – indagava Álvaro nos momentos de folga dos trabalhos no centro.

– Tenho vários amigos, Álvaro. Entretanto, nenhum em especial por ora.

– Isso porque você não quer, minha amiga. A qualquer instante terá pretendentes ao seu coração para escolher da maneira que bem entender.

A moça sorriu meio constrangida pela observação do amigo.

– Está enganado, Álvaro. O número de mulheres é maior do que os candidatos do sexo masculino que realmente querem assumir um compromisso mais sério hoje em dia! – retrucava para disfarçar diante do elogio recebido.

– Mas não com a sua beleza, Alexandra! – respondeu ele num impulso em que a emoção dominava a razão.

– Sua opinião não conta, Álvaro. Somos amigos.

– Sim. Tenho a felicidade de ser seu amigo e de podermos trabalhar juntos nessa casa. Entretanto, não sou cego!

Nessas horas Álvaro tinha vontade de abraçá-la e beijá-la dizendo a ela que da parte dele a amizade tinha ficado para trás sufocada por um sentimento crescente da paixão!

Era socorrido pela consciência despertada pelos ensinamentos espíritas adquiridos e pelo local de trabalho junto aos mais necessitados que permitia as sugestões da espiritualidade amiga.

Entretanto, sua mente cada vez mais era invadida por esses sentimentos perigosos que prenunciavam um horizonte sombrio para Álvaro e sua amiga Alexandra.

Apesar dessa conduta de alto risco de Álvaro, insuflada pelo espírito das trevas, Deus atende a criatura por meio da própria criatura.

Em cumprimento dessa realidade foi que Floriano, o coordenador da equipe do serviço fraterno da casa espírita, se aproximou do jovem, pedindo-lhe um favor em uma das tardes em que Álvaro e Alexandra trabalhavam naquela atividade.

– Olá, meu amigo! Como vão os companheiros que nos dão a alegria de trabalhar conosco por amor a Jesus e aos seus semelhantes mais necessitados e que buscam uma palavra amiga em nossa casa de oração?

– Tudo vai muito bem, senhor Floriano – respondeu ele jovial.

Alexandra tinha se afastado em busca de um copo com água para servir a um dos atendidos.

– Você poderia me dar uma ajuda, Álvaro?

– Eu?! Mas justo eu? Não tenho a menor ideia de como poderei fazer isso, senhor Floriano!

– É muito simples, meu rapaz. Estou preparando algumas palavras sobre a parte que abrange a perfeição moral em *O Livro dos Espíritos*, mais especificamente sobre o item que nos fala sobre as paixões e precisaria da sua ajuda no sentido de recordar com algum companheiro de nossa casa espírita o que poderei abordar para o melhor entendimento do público em geral. Poderia me auxiliar? É a pessoa mais disponível no momento. Como está na pausa ao atendimento fraterno juntamente com Alexandra, resolvi pedir-lhe esse favor. Posso contar com alguns minutos da sua atenção?

– Pode, claro! Só não entendi como poderei ajudar.

– Muito simples, Álvaro. Você é um moço inteligente. Vou fazendo alguns comentários sobre as questões que selecionei de *O Livro dos Espíritos*, mais especificamente sobre as paixões, e você analisa se fica bom, fácil para o público entender. Só isso, meu amigo.

– Bem, se é só isso, estou à disposição do senhor – disse Álvaro algo desconfiado e receoso com o assunto que viria.

"Por que Floriano, tendo outras pessoas muito mais entendidas na doutrina, procurou justo a mim? Mais estranho ainda era o assunto: paixões! Será que..." – pensou rapidamente ele.

Entretanto, fez um gesto que significava "deixa pra lá" e sorriu para Floriano, procurando demonstrar muita segurança.

– Vamos lá então, senhor Floriano! Vamos ver o que essa "formiga" pode fazer para ajudar!

– As formigas são preocupadas com o dia de amanhã, Álvaro. Não reparou como não se cansam de trabalhar para um futuro mais seguro?

– Verdade! – respondeu o rapaz com um sorriso um tanto estranho.

Floriano sentiu estar no caminho correto e prosseguiu:

– Na questão de número 907, Kardec pergunta aos espíritos se as paixões são boas ou más já que estão na Natureza. A essa indagação eles respondem que elas foram dadas ao homem para o bem. Aliás, como tudo, não é, Álvaro? É o mau uso que adentra o campo do erro. Vemos isso em vários exemplos da vida.

"O ópio, por exemplo, que deveria ser destinado apenas ao tratamento da dor, é desviado para atender aos vícios! O avião descoberto por nosso querido Santos Dumont para encurtar a distância entre os povos foi carregado com bombas que foram despejadas sobre os semelhantes se transformando em arma de guerra. A dinamite que deveria servir para remover obstáculos e construir estradas é utilizada, infelizmente, como meio de destruição pelos homens. E assim por diante.

"Nesse mesmo caminho e uso encontramos o sexo que é força criadora. Por meio dele podemos colaborar com Deus na criação dos corpos que servirão para receber os espíritos necessitados de reencarnar. Hoje em dia, com a limitação do número de filhos pelos casais, as portas da reencarnação estão bastante estreitas. Eu diria que temos que entrar por ela como se estivéssemos andando de lado e não de frente de tão estreita que ela está. E isso é um fato muito grave, considerando que necessitaremos retornar à carne inúmeras vezes!

"No entanto, agimos como se estar no corpo fosse uma coisa muito corriqueira. Que sempre encontraremos esse caminho de volta facilmente à nossa disposição quando assim desejarmos! Na realidade, não é essa a situação real. Feliz de quem acorda no corpo e pode continuar reencarnado praticando o bem. Quantos não desencarnam dormindo, não é assim?"

– Sim, claro, senhor Floriano. Sem dúvida.

– Prosseguindo, meu filho, vemos na questão de número 908 os espíritos darem um exemplo muito claro para delimitar bem as paixões no campo do bem. Para esclarecer a partir de que ponto as paixões deixam de ser boas. A explicação é sempre lembrada nas mensagens sobre a utilização do sexo pelo homem. Explicam os espíritos que quando as paixões são dominadas pelo seu possuidor, elas são boas porque colaboram com a criatividade positiva em relação à vida. Mas se nos dominam, elas são como o cavalo selvagem que não obedece ao comando do dono podendo levá-lo a quedas perigosíssimas!

"Com o sexo se passa exatamente assim, se observarmos bem. Com ele sob a nossa disciplina, o nosso controle, colaboramos na obra da Criação. Entretanto, quando foge a essa disciplina, a esse controle, somos conduzidos pelo "animal" sem direção que pode nos levar à beira do precipício! Se tivermos tempo de freá-lo dominando-nos no emprego errado que estivermos fazendo dele, ainda podemos evitar a queda. Mas se não conseguirmos pará--lo, ele nos levará a quedas dolorosas nos precipícios da vida. Está bem explicado dessa forma, Álvaro? Você acha que o público vai entender? O que acha?"

– Eu... Eu... Sim, sim! Claro, senhor Floriano. Muito bem explicado.

– Que ótimo, meu companheiro!

Esperou um pouco observando as atitudes de Álvaro e prosseguiu para o final do assunto.

– Mas as questões finais de números 909 e 910, em minha opinião, nos trazem a solução final sobre as paixões. Nelas os espíritos esclarecem que podemos vencer com pequenos esforços os desvios das paixões. O grande problema é que nos falta a vontade de tomar uma decisão firme. Redundantemente, eu diria, que nos falta tomar uma decisão de forma definitiva, sem vacilos que nos levem a quedas repetidas. Ainda por cima podemos contar sempre com a ajuda dos espíritos amigos, sempre dispostos a nos auxiliar quando verdadeiramente assim o desejamos.

– Mas, senhor Floriano, não existem paixões tão fortes que não conseguimos vencê-las com a nossa pouca evolução? Afinal, ainda somos espíritos atrasados e reencarnados num planeta de provas e expiações! Deus sabe disso melhor do que nós mesmos.

– Que Deus nos conhece muito melhor do que nos conhecemos, não resta dúvida, mas Ele sempre espera que nos esforcemos e conhece perfeitamente bem qual é o nosso limite! O interessante é que você repetiu com as suas palavras a pergunta 911 de *O Livro dos Espíritos*, meu filho! E a resposta dada a Kardec nos esclarece a todos. Só não conseguimos vencer as paixões quando apenas com os lábios dizemos querer, mas que, na realidade, nos sentimos bem em vivenciá-las! Ou seja, sentimos prazer em satisfazer ao instinto em prejuízo de nossa evolução moral.

Álvaro ficou quieto diante dessa colocação final.

Floriano sentiu que tinha conseguido seu objetivo de tentar alertar o jovem em relação à Alexandra, fato esse que ele vinha observando há algum tempo e aguardava o momento adequado e a forma mais correta de dizer alguma coisa. E o fez de maneira discreta e com a autoridade de *O Livro dos Espíritos*!

– Afinal, o que achou, Álvaro? O público vai entender, meu filho?

– Entender vai, mas praticar...

– Não faz mal, Álvaro. Ainda não praticamos os ensinamentos de Jesus há mais de dois mil anos e ele ainda nos aguarda pacientemente! O importante é semear. Principalmente para o espírita que sabe muito bem que colherá do seu plantio!

A distância do centro espírita o espírito obsessor como que "ouvira", sem conseguir interferir, as ponderações de Floriano a Álvaro pelo canal estabelecido entre ele, obsessor, e a sua vítima. Por isso mesmo vociferava contra a interferência daquele homem maldito.

– Você me paga, velho atrevido! A noite é minha junto ao rapaz! Vamos ver quem pode mais!

Alexandra retornou para a continuidade do atendimento fraterno com o companheiro que abriu amplo sorriso ao vê-la...

A questão 911 de *O Livro dos Espíritos* estava absolutamente correta!

Capítulo 3

O PERIGO DA NOITE

A POPULAÇÃO DE ESPÍRITOS desencarnados no período noturno, quando os encarnados levam o corpo físico para o devido descanso e reparo, através do sono, aumenta.

E aumenta porque, adormecido o veículo físico, o ser imortal ganha uma liberdade parcial e temporária, indo transitar no plano espiritual de acordo com as ideias e condutas que alimentou durante o dia.

Quando desperto no corpo nas horas diurnas o espírito que buscar as ideias nobres e as atitudes voltadas para o campo do bem, nada mais natural que, ao desprender-se do corpo à noite, ele busque o prosseguimento dos mesmos ideais cultivados à luz do dia.

O contrário também é verdadeiro. Quando o espírito na posse do corpo entregar-se a atitudes que o direcionem no caminho do erro, continuará a buscar durante o sono do corpo os mesmos objetivos por uma questão de afinidade.

Exatamente por isso, a morte não promove ninguém à santidade. Apenas dá sequência ao tipo de vida que o espírito escolheu viver enquanto no corpo, o que é muito justo de se esperar.

Dentro dessa realidade, podemos fazer uma previsão de qual seria o objetivo de Álvaro ao entregar seu corpo material ao descanso do sono.

Alexandra! Sim! Ligado a ela por uma intensa paixão que mais caracteriza os adolescentes e os adultos ainda imaturos, buscava por ela no plano espiritual, apesar dos conhecimentos relativos que detinha da doutrina espírita, possuidor do livre-arbítrio proporcionado por Deus aos Seus filhos para que a semeadura seja livre e a colheita obrigatória.

O espírito obsessor que não desconhecia as fraquezas daquele que se transformara para ele em alvo de sua perseguição, plantou-se no quarto de Álvaro aguardando o momento oportuno para influenciá-lo na busca daquela que se transformara para ele em musa dos seus sentimentos alimentados pela paixão, energia muito diferente do amor que estabelece o equilíbrio e proporciona a paz aos envolvidos.

Ao mesmo tempo os espíritos dedicados ao bem trabalhavam no sentido de acordar Álvaro para as responsabilidades que já possuía junto à esposa Valéria e a filha Bruna.

Assim que o espírito do jovem apresentou certa liberdade da prisão da carne, os espíritos dedicados ao bem conduziram Álvaro para o quarto da filha adormecida procurando despertar nele o amor de pai, na tentativa de evitar o seu direcionamento em busca de Alexandra.

O espírito trevoso não percebeu a desvinculação de Álvaro por conta da barreira energética criada pelos espíritos voltados ao socorro do moço envolvido pelos sentimentos não recomendáveis em relação à sua companheira de trabalho no Centro Espírita Alvorada Nova.

Apesar desse apelo ao coração de Álvaro junto à filha adormecida, seu desejo de encontrar Alexandra quebrou a barreira vibratória estabelecida pelos bons espíritos, tornando-o visível ao obsessor e seu grupo que logo comemoraram o acesso à presa de suas intenções lamentáveis.

O chefe das trevas ordenou de imediato aos seus subordinados:

– Rápido! Tragam Alexandra aqui, cujo corpo deve estar adormecido a essa hora da noite O "namorado" está ansioso para vê-la! – disse gargalhando sarcasticamente.

Ordem dada, ordem cumprida!

Entretanto, como Alexandra ainda não participava, pelo menos até aquele momento, dos mesmos sentimentos de Álvaro, deu entrada na dimensão espiritual da casa do rapaz de maneira semiconsciente, sem entender quase nada do que acontecia.

Conduzida até onde se encontrava o rapaz, desvinculado parcialmente do seu corpo, Alexandra em espírito adentrou a dimensão espiritual do quarto de Álvaro sendo segura pelos braços por alguns auxiliares do chefe daquele grupo de espíritos voltados ao mal.

Apenas balbuciava algumas indagações entrecortadas pelo silêncio e que revelavam um grande desconhecimento de todas aquelas ocorrências.

– Onde estou? O que está acontecendo?

Apresentava na expressão um olhar vago e tentava um esforço para reconhecer o ambiente que a permitisse entender o que se passava.

– Quem está aí? O que querem de mim? Quem são vocês?

Já Álvaro contemplava Alexandra com um largo sorriso! Era ela todo o objeto de sua cobiça! Dirigiu-se para ela e esboçou um gesto com a intenção de retê-la entre seus braços.

Mas antes que o ato se consumasse, um forte clarão se fez presente subitamente na dimensão espiritual em que essas cenas aconteciam.

– São eles! Os malditos servidores do Cordeiro! Não avisei?! Estavam escondidos para nos atacar de surpresa! Mostrem-se, seus covardes! Quero destroçá-los com minhas próprias mãos!

Cipriano, espírito na liderança do grupo que levava socorro a Álvaro e Alexandra, diminuiu seu padrão vibratório para se fazer visível ao líder dos obsessores.

– Não estamos aqui para lutar, meu amigo. A não ser labutar pelo bem de nós todos em nome do nosso mestre Jesus.

– Nosso não! Seu e desses fracotes que você comanda! Não somos covardes! Não atacamos de surpresa! Lutamos nos mostrando e não nos escondendo como fazem!

– Não comando a ninguém, meu irmão. Apenas trabalhamos em conjunto pela vitória do amor e da paz.

– Ora! Cale-se! Não me venha com essa conversinha que conheço muito bem. Já disse que não sou nada seu! Muito menos irmão! Não sou escravo de um Cordeiro que se deixou imolar na cruz sem reagir!

– Sim. Você está certo. Veja quanto amor é necessário se ter para uma atitude de entregar a própria vida por todos nós sem nada dever, meu amigo! Quem serve a Jesus se liberta porque ele é a presença da mais elevada forma de caridade que ainda não somos capazes de compreender. O ódio aprisiona e faz sofrer a todos os envolvidos. Tanto aqueles que são alvo desse sentimento, quanto aquele que o alimenta dentro de si como se estivesse todos os dias ingerindo uma dose de veneno que impossibilita a paz e a felicidade.

– Ora! Não venha choramingar pelo que seu chefe sofreu sem reagir! A mim ele não fez nenhum bem! Essa conversinha já conheço muito bem! É uma tática que pode funcionar com quem não conhece vocês! A mim, não enganam! Não tenho nenhum medo dos covardes que servem a alguém que pregado numa cruz não se defendeu! Como pode defender vocês se não defendeu nem a ele mesmo? Será que não percebem? Estão hipnotizados por essa bobagem e fraqueza que chamam de "amor".

– Estamos totalmente conscientes do nosso dever que cumprimos com o máximo de amor por ele que se deixou agredir pelos homens na cruz tendo feito somente o bem e amado a toda Humanidade, meu irmão.

– Se insistir nessa conversa de "irmão", de "amigo", vou embora daqui! Não percebeu ainda que não sou trouxa como muitos outros que conseguiram enganar?

– Não foram enganados. Fizeram a opção pela paz de consciência, meu amigo. Trazemos a mesma proposta de paz para vocês todos.

O espírito obsessor gargalhou estrondosamente cerrando os punhos.

Esbravejou em alto e bom som:

– Como é teimoso! Quantas vezes vai precisar escutar que não me engana com essa ladainha que funciona com os fracos, com os covardes? Não queremos paz! Queremos justiça feita pela força dos fortes como nós!

– Quem deseja a justiça não pode agir com injustiça utilizando-se de nossos semelhantes como você vem fazendo para induzi-los ao erro por meio de um envolvimento amoroso, fruto da paixão e não do amor, meu irmão.

O espírito obsessor ao ouvir novamente a mesma expressão – irmão ou amigo – que o deixava mais furioso, levantou os braços diante de seus seguidores e esbravejou para Cipriano:

– Suma daqui, seu covarde servidor do Cordeiro ou sentirá o peso do meu ódio e desprezo a você e aos fracassados a quem comanda!

Cipriano percebendo que não era o momento de prolongar aquela tentativa de dialogar com o obsessor, pôs-se em oração pedindo aos planos superiores o socorro necessário para encarnados e desencarnados presentes.

Uma camada de luz tênue levemente azulada se estendeu no ambiente à semelhança de uma garoa que obscurecesse a visão dos espíritos iludidos pela força do ódio e distantes ainda das bênçãos do amor, levando o sofrimento aos seus semelhantes.

Enquanto a visão do comandante dos espíritos das trevas ia diminuindo, o chefe deles gritava a plena força:

– Malditos servidores do Cordeiro! Não lutam! Se escondem atrás das mágicas que fazem! Mas não desistirei! Teremos outras chances de encontrar Álvaro e Alexandra! Esperem e verão para assistir nossa vitória!

Cipriano continuava em prece por todos, não alimentando nenhum ressentimento em relação ao agressor que continuava a gritar toda a sorte de impropérios que o desequilíbrio em que vivia mergulhado colocava à disposição dele.

– Vamos utilizar a arma mais forte que existe. O amor! Com ele atrairemos Álvaro e Alexandra para seus veículos físicos, interrompendo o clima de vibrações negativas que a ira de nosso irmão equivocado está produzindo com a sua revolta.

Dito isso, aproximou-se do leito onde Bruna dormia e tocou-lhe a região frontal com a sua mão.

A menina despertou subitamente e começou a falar em alto tom da sua voz infantil carregada de apreensão:

– Papai! Papaizinho! O lobo mau está aqui em casa! Ele está atrás de você! Mamãe socorra o papai!

Essas palavras nascidas do medo da criança despertaram os pais imediatamente.

O obsessor que já não conseguia ver o quadro que se passava por causa da alteração vibratória promovida por Cipriano, ao ouvir a voz infantil chamando pelos pais, entendeu a manobra do benfeitor espiritual.

– Maldito ardiloso! Acordou a criança fazendo que Álvaro retornasse ao corpo chamado pelos gritos da filha. Enquanto isso raptou Alexandra e a conduziu de novo ao corpo, despertando-a e retirando-a da nossa dimensão e influência. Pensam que venceram! Mas não perdem por esperar! Voltaremos!

E ao som de mais blasfêmias determinadas pela fúria que vivenciava, deixou o lar de Álvaro e Valéria, partindo com o seu grupo.

Os pais acorreram ao quarto da filha atraídos pela insegurança da garota.

– O que foi, meu bem? – perguntou a mãe.

– O lobo mau! Ele estava aqui! Veio buscar o papai!

– Calma, minha filha! Você sonhou com a história do *Chapeuzinho vermelho*. Não vou mais contar essa história para você, meu amor!

– Não, papai! Era só o lobo! Não tinha a Chapeuzinho e nem a vovó. Era só você que o lobo queria.

Os pais se entreolharam sem entender nada. Nesse instante, como se um relâmpago muito rápido emergisse da sua memória, Álvaro lembrou-se de parte do pesadelo vivenciado dias antes! E ficou a meditar em qual relação haveria entre aquele sonho mau e o comportamento da filha naquela noite.

– Sabe, Álvaro, Bruna não tem tido um sono tranquilo. Agita-se durante a noite. Balbucia frases que não dá para entender. Será que ela não está sofrendo alguma influência espiritual negativa? E agora esse tal sonho sobre um lobo! Talvez seja melhor pedir uma orientação no centro espírita sobre essa história desse lobo mau. Não acha? Conversa mais estranha para uma criança! Será que... – colocou a mãe extremamente preocupada com o despertar agitado da filha que nunca havia ocorrido.

– Por favor, Valéria! Está precipitando suas preocupações de mãe! Não vamos começar a imaginar coisas e a alimentar a mente dela como se isso fosse uma realidade! Essa história de lobo é coisa da mente infantil de Bruninha. Vamos levá-la para nossa cama o resto da noite que o lobo mau vai embora, não é filha?

E tomando a filha nos braços, conduziu-a para a cama do casal para que a noite ficasse em paz.

Na dimensão espiritual Cipriano comentava:

– É muito difícil aos encarnados entenderem que nossos planos de vida se interpõem, se interagem. A grande maioria acredita que os chamados "mortos" estão em um local distante ou já nem existem mais! Que nós podemos nos comunicar com eles e interferir na vida dos homens, então, é coisa de gente que perdeu a razão na interpretação da maioria deles! E com essa descrença que alimentam sobre nossa existência, vão permitindo que as entidades maldosas se insinuem cada vez mais sem serem notadas.

Ao mesmo tempo, dificultam o auxílio que possamos proporcionar com a autorização de Deus e de Jesus.

A menina Bruna sente a presença do obsessor como a figura de um lobo pela alta carga de ódio que traz com ele, deformando seu perispírito e se apresentando dessa forma à criança.

É como se ele, o obsessor, projetasse bruscamente na mente dela a figura ameaçadora desse animal causando-lhe intenso medo.

Precisamos continuar trabalhando e confiando em Deus e em Jesus para que o amor dissolva todas as vibrações negativas que ainda trazemos conosco na longa batalha para adquirirmos a luz, nos livrando das sombras que carregamos por não sabermos amar como Jesus nos recomendou.

Naquela noite as estrelas cintilavam com maior força no firmamento, na esperança de que o amor estaria sempre a postos para abrigar encarnados e desencarnados em suas jornadas em busca da perfeição para a qual Deus continuava a criar todos os seres do Universo.

Capítulo 4

NO DIA SEGUINTE

NO DIA SEGUINTE, ÁLVARO estava com um sentimento de felicidade, apesar do contratempo com a filha que acordou assustada com a história do "bendito" lobo mau.

Olhou para o leito e viu a esposa e Bruna dormindo tranquilas e deu *asas* ao pensamento.

E como o pensamento é capaz de criar incessantemente e ir muito longe em seus sonhos, devaneios e suposições!

"Seria incorreto afirmar que a capacidade de pensar não conhece limites?" – perguntou-se Álvaro num átimo de tempo.

Para não acordar a filha e Valéria, retirou-se silenciosamente do quarto.

Uma convicção o acompanhava: "Encontrei Alexandra essa noite passada na dimensão espiritual! Não há dúvidas! A vi nitidamente! Estava linda como no corpo físico! Não sei exatamente onde esse encontro ocorreu. Outros espíritos estavam presentes. Disso também me recordo, embora não tenha identificado nenhum deles. Tive o impulso de abraçá-la e quando fui realizar esse desejo, alguma coisa aconteceu que interrompeu tudo. De repente, estava de retorno ao meu corpo. Bruninha chorava por causa do lobo que a mente de criança dela criou. Valéria está preocupada com a filha! Até parece que nunca foi criança! Elas são assim mesmo! Como não tem irmãos, cria os amigos ou os inimigos que trazem os perigos imaginários. Veja só! Fazer uma consulta no centro por conta dos sonhos de uma menina novinha! Seria até razão de chacotas! Ou da suposição de que a mãe está desequilibrada! Podem pensar até que os pais estão sob a influência de espíritos infelizes por acreditar que a filha tem algum problema! Coisas de mãe! E Valéria é uma excelente mãe, não há dúvidas. E esposa também!"

Interrompeu um pouco esses pensamentos e foi arrumar a mesa para o café da manhã com a família e, em seguida, tomar seu banho antes de ir para o trabalho.

Uma decisão, entretanto, já havia tomado: ligaria para Alexandra para contar sobre o encontro daquela noite.

E sonhava em suas cogitações: "Teria ela sonhado comigo? Sim, porque na interpretação dela, um encontro entre os dois na dimensão espiritual poderia ser interpretado como um sonho. Caso isso tivesse ocorrido com ela também, seria mais um sinal de que realmente tudo aconteceu como eu suponho. Suponho, não! Tenho a certeza!"

Cantarolando uma música de sua preferência, terminou de arrumar a mesa e dirigiu-se ao banheiro com uma firme decisão tomada: "Ligaria para Alexandra assim que chegasse ao trabalho!"

Enquanto Álvaro tomava o seu banho, Valéria e a filha também acordaram para participarem da primeira refeição da manhã em família.

À mesa, os três juntos, a esposa retornou ao assunto sobre a filha.

– Álvaro, estou preocupada com nossa filha e essa história sobre o lobo mau.

– Valéria! Mas meu Deus do céu! Você ainda está impressionada com esse acontecimento?! Já dei minha opinião sobre esse comportamento dela, amor! A imaginação de criança é assim mesmo, ainda mais quando não tem irmãos ou outras crianças para brincar! Fantasiam para criar companhias! Estou mais preocupado com você com essa insistência sobre o sonho de Bruna do que outra coisa qualquer!

– Mas, Álvaro, sei que parece um comportamento desequilibrado da minha parte, mas a partir do momento em que ela acordou com a tal história, senti uma estranha angústia dentro de mim! Fantasiar com a figura de um lobo?! Justo de um animal como esse que é assustador até para nós adultos, quanto mais não seria para uma criança! Os sonhos infantis contêm outros componentes que não a figura de um bicho desses!

– Bem, Valéria. Continuo achando que é produto da imaginação dela. Não sei como posso convencê-la sobre isso. Cuidado para que não cause mais estranheza esse seu insistente receio do que o sonho de nossa filha!

– Acho que vou falar com o senhor Floriano que dirige o grupo de atendimento fraterno onde você trabalha lá no centro espírita. Vamos ver o que ele acha. Não custa nada!

– Se isso vai tranquilizá-la, converse então. Ele é uma pessoa muito boa, mas ficará assustado não com o sonho de Bruna, mas com a sua atitude em valorizar um acontecimento desses!

Beijou a esposa e a filha despedindo-se em direção ao serviço onde não demorou a chegar pela boa fluência do trânsito naquela hora da manhã.

– Alô? Pois não!

Era Alexandra ao celular.

– Oi! Sou eu, minha amiga! Bom dia!

– Bom dia, Álvaro. Ligou assim tão cedo! Algum problema?

– Não! Problema nenhum. Só estava com vontade de conversar com você.

– Sobre o quê, amigo?

Álvaro fez uma breve pausa e continuou:

– Acho que nos encontramos em algum lugar na noite passada – colocou entusiasmado.

Alexandra sorriu ao celular.

– Como assim, Álvaro?! Não saí de casa ontem à noite. Fui dormir mais cedo do que é o meu costume!

– Não me expliquei direito, Alexandra. Digo que nos encontramos em desdobramento espiritual, me entende?

– Ah! Enquanto nosso veículo físico repousava no sono da noite?

– Isso! Eu a vi perfeitamente na dimensão espiritual. Estava linda! Como sempre.

– Gosta de brincar nessas horas da manhã, amigo? – interpelou a jovem.

– Falo sério, Alexandra! Eu a vi com certeza! Por acaso não teve algum sonho desse tipo também? Isso poderia confirmar que nos encontramos, caso você tenha me visto na dimensão dos espíritos.

– Sonhar, eu sonhei. Não me recordo de quase nada. Estava no meio de uma confusão quando ouvi o choro de uma criança e tudo acabou de repente.

– Choro de uma criança?! – perguntou Álvaro pensativo.

– Sim. Como disse, estava tudo confuso, como se um grupo de pessoas discutisse por algum motivo que não entendi e, de repente, o choro e tudo acabou como se acendessem repentinamente a luz de um quarto escuro.

Como Álvaro ficasse alguns instantes sem dizer nada, Alexandra completou:

– Como vê, não sonhei com você, amigo.

Álvaro saiu do mutismo em que mergulhara por alguns segundos e retomou a conversa.

– Estranho o choro de uma criança, Alexandra!

– Estranho por quê? Uma das coisas mais fáceis de uma criança fazer é exatamente chorar, meu amigo – ponderou ela.

– Porque no exato momento em que eu ia abraçá-la, uma criança também chorou e tudo acabou.

Brincando a jovem comentou:

– Então existe uma criança entre nós, Álvaro! Seria nosso anjo da guarda? – observou fazendo troça.

Álvaro retornou à conversa depois de arquivar uma ideia na mente que iria analisar com calma em outro momento.

– Bem! Se é nosso anjo da guarda, vamos pedir a ele que arrume um encontro entre nós dois acordados mesmo, sem que tenhamos que dormir. O que acha? – arriscou.

– Álvaro, acho que você deve voltar ao seu trabalho ou procurar um médico para verificar sua saúde, meu amigo.

– Puxa, Alexandra! Sou tão repugnante assim?

– Não, de maneira nenhuma. Você até é um homem muito bem apresentável e agradável, mas tem um defeito incorrigível!

– E posso saber que defeito é esse? – perguntou aborrecido.

– Pode e deve! É um homem casado!

A sinceridade da jovem funcionou como uma ducha de água fria na conversa que estava esquentando por parte de Álvaro.

– Alexandra!

– Até nosso dia de trabalho no centro, Álvaro! Um beijo da sua amiga com um abraço fraterno.

E desligou o celular.

Apesar de frustrado em sua tentativa junto à amiga, ele estava absorvido com o relato de Alexandra sobre o choro da criança que ele ouviu também no sonho dele!

Ficou em silêncio pensando.

"Ela ouviu um choro e o sonho acabou. Quando eu ia abraçá-la também ouvi um choro e tudo se interrompeu! Acordamos, eu e Valéria com Bruninha chorando! Será quê?... Ou estarei neurotizando as coisas como Valéria a respeito do lobo mau? Que loucura, meu Deus! Que loucura!"

– Está no raciocínio certo, meu irmão – comentou na dimensão espiritual Cipriano. A misericórdia de Deus vela nossos sonhos também. Graças ao choro da menina que foi despertada propositalmente, pudemos interromper a sequência de acontecimentos não recomendáveis e a participação de nossos irmãos inferiores voltados ao mal. Só espero que desperte para o seu dever como pai, marido e espírita que é, meu filho. Não comprometa o seu futuro nem o de sua companheira de trabalho nas lides espíritas.

"Está arisca a minha amiga! Mas minha paixão por ela está ficando incontrolável!" – disse para si mesmo Álvaro.

– Com a nossa ajuda você conseguirá, meu companheiro! Venceremos os covardes servidores do Cordeiro que nos atrapalharam na noite passada. Mas temos muitas outras pela frente! Não desista dela! Você e ela merecem um ao outro! Não se esqueça daquele pedaço de mulher ao seu alcance! – eram as sugestões enviadas à mente de Álvaro pelo comandante do grupo de espíritos dedicados ao mal.

Se esses acontecimentos ocorriam em relação a Álvaro e Alexandra, o dia de Valéria, preocupada com a filha, também apresentava a movimentação da mãe para esclarecer determinados fatos com Bruninha.

Dando prosseguimento a sua intenção de conversar com o senhor Floriano sobre a menina, Valéria procurou por ele no Centro Espírita Alvorada Nova.

Floriano já havia se aposentado de seu trabalho como profissional perante a sociedade e dedicava o tempo às atividades beneficentes na casa espírita.

Sabedora dessa realidade, não foi difícil Valéria encontrá-lo naquele local.

– Que surpresa, minha amiga! O que a trouxe até ao centro nessa hora do dia?

– Vim incomodá-lo por conta de alguns acontecimentos com minha filha, senhor Floriano.

– Incômodo algum, minha amiga. Em que posso ser útil?

– Bruna tem dormido mal. Seu sono é agitado! Não dorme tranquila como costumava fazer. A noite passada acordou chorando porque estava assustada e se referia a uma figura que ela chama de "lobo mau". Não sei se é fruto da imaginação dela. Álvaro associa o fato à história sobre "Chapeuzinho vermelho" que lhe contamos algumas vezes por ser um conto tradicional do mundo infantil. Só que existe um detalhe que me preocupa porque a menina afirma que o lobo vem atrás do pai, o que foge ao roteiro da conhecida história. Estaria Bruna sendo vítima de algum espírito maldoso, senhor Floriano?

– Valéria! A mente infantil é muito fértil, como sabemos! Pode criar histórias mirabolantes características dessa fase da vida. Por outro lado, temos também a realidade de que na infância, enquanto a reencarnação não se completa totalmente, o espírito reencarnado tem a possibilidade de entrar em contato com a realidade espiritual, exatamente por não ter os preconceitos dos adultos que dificultam esse intercâmbio com o mundo real dos espíritos. Creio que você está valorizando demais essa possibilidade e isso está roubando a sua paz. Não permita que aconteça dessa maneira, minha amiga.

– Pois é esse o meu receio, senhor Floriano! Será que a menina não está sendo perturbada por alguma entidade do plano inferior?

– Precisamos sempre agir com bom-senso, Valéria. Não supervalorizar as histórias das crianças e nem descartá-las sem uma análise mais corajosa e isenta. Principalmente nós que conhecemos a realidade e possibilidades desse mundo espiritual que nos envolve e participa das nossas vidas. Kardec nos deixou claro a esse respeito quando nos trouxe as informações dos espíritos da codificação que na maioria das vezes são os desencarnados que nos dirigem. Quanto mais descrença e até deboche sobre esse fato, tanto mais fácil essa interferência em nossas vidas. Entretanto, creio que o seu receio é fruto de uma mãe zelosa que é. Como diz o ditado popular: nem tanto ao mar e nem tanto à terra, minha filha.

– O senhor acha que Bruna pode estar vendo espíritos de aparência assustadora pela pouca evolução deles e que se apresentariam nessa forma de lobo?

– Como já disse e insisto, precisamos analisar os acontecimentos com muita calma e sem ideias preconcebidas. Primeiro é preciso abrandar o seu coração que está mergulhado em muita angústia sem fundamento, pelo menos por enquanto. Nisso Álvaro está com a razão em suas colocações.

– Bruna poderia ser médium e estar vendo espíritos, senhor Floriano? – insistiu Valéria.

– Calma, Valéria! Sua exaltação de ânimo é prejudicial à análise dos fatos. Quando uma criança começa a se referir a alguma coisa fora de nosso mundo de encarnados, precisamos averiguar com calma, como já disse. Muitas vezes os chamados "amigos imaginários" não passam de uma criação da própria mente delas. Quando se trata de um espírito que a criança realmente está vendo, o fato se repete sem grandes mudanças quando, então, devemos estudar os acontecimentos. Quando é fruto da imaginação infantil apenas, temos mudanças nas histórias que elas contam.

– Mas o que me preocupa, senhor Floriano, é o fato de Bruna se referir a um lobo! Uma criança não teria um animal desses como amigo imaginário. Isso seria assustador para elas como é para nós adultos!

– Façamos o seguinte para você ficar mais tranquila. Traga a menina para receber uma série de passes em nossa casa espírita já que está com o sono da noite agitado como você disse. Na realização do Evangelho no Lar em sua residência, peça ajuda mais especificamente para Bruna aos espíritos amigos. Dessa forma trataremos corretamente o problema, caso ele exista como você está pensando. Não deixe o receio desequilibrá-la porque isso só iria dar "munição" a alguma entidade que esteja querendo afetar a menina para atingir o lar e aos pais. Fé em Deus e em Jesus que constituem nossa proteção máxima, juntamente com os espíritos que nos socorrem em nome deles. Procedendo dessa maneira iremos observando o desenrolar dos acontecimentos e teremos a calma necessária para tirar conclusões menos precipitadas, minha filha.

– O senhor tocou sobre a realização do Evangelho no Lar! Temos tido falhas sobre isso. Às vezes fazemos, às vezes não!

– Essa deve ser uma preocupação maior do que os sonhos de Bruna! Uma pessoa que abre mão de um recurso valioso desses fica mais exposto a interferência de entidades inferiores como bem sabemos. Preocupa-me mais essa notícia do que o sonho da menina. Procure corrigir essa falha, Valéria. É mais urgente do que saber o que está acontecendo com a sua menina!

Aguardou alguns instantes e perguntou:

– Posso fazer uma sugestão a você mais diretamente?

– Claro, senhor Floriano.

– Por que não começa a vir dar a sua cota de contribuição no atendimento fraterno da nossa casa espírita como Álvaro já vem fazendo? Venha com ele. Dessa maneira estará somando esforços no socorro ao lar de vocês.

– É uma ótima ideia, senhor Floriano. Falarei com Álvaro a respeito.

– Isso mesmo. Vá em paz que com paciência e bom-senso tudo se esclarecerá.

A busca de conselhos por parte de Valéria junto a Floriano não passou despercebida pelo obsessor que vigiava a família com muito rigor.

"O que será que essa mulher veio fazer nesse lugar onde se reúnem os covardes servidores do Cordeiro nessa hora, justo com esse velho que já tentou alertar o marido dela em relação a Alexandra, com aquela conversa sobre os vícios do ser humano? Gente perigosa esses servidores do Cordeiro! Além disso, parece que não gostam muito de lobos, não!" – pensou, gargalhando, o obsessor.

Capítulo 5

NO JANTAR

A HORA QUE A família se reunia para o jantar na casa de Álvaro e Valéria, o casal aproveitava para conversar sobre o dia de cada um, incluindo a filha Bruna.

– Fui ao centro hoje pela manhã conversar com o senhor Floriano sobre Bruna, Álvaro – comentou em tom de alívio Valéria.

– E ele não confirmou a minha opinião de que o tal "lobo" é uma criação de Bruninha?

– Taxativamente, não. Como uma das hipóteses principal, sim.

– E qual seria a outra explicação que ele considerou, Valéria?

– De que algum espírito a esteja perturbando para desequilibrar o lar como é meu receio, ele não descartou de vez.

– Sei lá. Tenho medo quando o espírita começa a jogar as coisas "nas costas" dos espíritos. Afinal, temos o livre-arbítrio! Podemos ter as nossas decisões! Fazer as nossas escolhas! Tudo tem que ser causado por espíritos?

– Ele não disse que era, Álvaro. Apenas considerou como uma das possibilidades menores. Se você se lembrar de *O Livro dos Espíritos*, lá está escrito que os espíritos, na maioria das vezes, influenciam em nossas vidas.

– Eu sei disso. Mas qual a recomendação que ele deu?

– Para pedirmos a proteção para Bruninha no culto do Evangelho no Lar e sugeriu que eu fosse trabalhar com você no atendimento fraterno.

– Era só o que faltava! – colocou Álvaro brusca e rispidamente batendo com ambas as mãos na mesa.

– Como assim, Álvaro?! Não estou compreendendo a sua reação.

A figura de Alexandra assaltara fulminantemente os pensamentos de Álvaro.

Em fração de segundos considerou que a presença de Valéria lhe tolheria a oportunidade de ficar algum tempo junto de Alexandra. Daí a reação repentina dele.

– Não. É que se eu participo, nossa família já está representada na ação da prática do bem. Para que envolver você que tem a menina sob os seus cuidados? – procurou amenizar a reação intempestiva que tivera e despistar o verdadeiro motivo.

– Se trabalharmos os dois, mais méritos teremos para sermos auxiliados, Álvaro! Quantos casais não trabalham no mesmo centro?

– Eu sei. Apenas estou preocupado com os cuidados que a Bruna precisa por parte da mãe. Só isso!

– Precisa dos seus cuidados como pai também, Álvaro. E isso não o impede de participar das atividades do centro.

– Tudo porque você tinha que fazer tempestade em copo d´água junto ao senhor Floriano com essa fantasia da cabeça de Bruna!

– Nossa, Álvaro! Não estou entendendo sua reação só porque o senhor Floriano sugeriu minha participação no trabalho com você.

– Você é quem sabe. Se quiser ir, faça como julgar melhor. Se a menina precisar da mãe e você não estiver por perto, a responsabilidade é sua – colocou irritado levantando-se da mesa onde o casal jantava na presença da filha.

A menina que a tudo observava, de repente falou com inocência:

– Nossa, papai! Você está parecendo o lobo!

As palavras da filha o irritaram ainda mais.

– Está vendo, Valéria? Olha o que você está colocando na cabeça da menina!

– Eu?! Você tem uma reação incompreensível, sem nenhuma razão de ser e eu sou a culpada? Ora, faça-me o favor!

A discussão entre o casal desarmonizou o ambiente do lar, abrindo brechas nas defesas vibratórias que a paz e a harmonia instalam no local onde elas estão presentes.

– Bruna, minha filha! Não existe lobo nenhum nessa casa. O papai vai te levar em todos os cômodos onde moramos e você verá que não tem lobo nenhum aqui, filha.

– Ele não está aqui, papai – disse a garota.

– Não está mesmo, filha! Esse lobo não existe!

– Existe sim, papai. Ele vem de fora e entra em nossa casa à noite!

– Está vendo, Valéria? Olha o que essa ideia sua está provocando na cabeça da menina!

– Não dá para continuar conversando com você essa noite, Álvaro! Vou levar Bruna para dormir e, em seguida, farei o mesmo. Quando você estiver mais calmo, conversaremos como pessoas adultas e não como um menino birrento como você está agora. Boa noite. Vamos filha – disse Valéria conduzindo a menina por uma das mãos.

– E o lobo, mamãe? – perguntou a pequena.

– Mamãe está aqui com você. Vou protegê-la e o lobo não virá.

– Mas se o papai ficar sozinho, o lobo vai pegar ele.

– Seu pai já é grandinho para se defender, filha. Vamos.

Atraído pelo desentendimento entre o casal, o obsessor acercou-se do lar com muita satisfação e fazendo planos para aquela noite que favorecia suas intenções.

Os espíritos voltados para o bem do semelhante também estavam presentes, mas com as seguintes observações de Cipriano:

– Os atritos entre as pessoas levantam barreiras que temos dificuldades de ultrapassar. Para usarmos um exemplo da Terra, podemos considerar que é semelhante a um piloto de avião que tenha que arremeter em sua tentativa de pousar a aeronave por algum imprevisto durante a aterrissagem.

Não conseguimos nos aproximar de maneira adequada do coração e da mente dos encarnados pelas vibrações densas que a cólera ou qualquer outro tipo de sentimento desequilibrado que tumultua o ambiente do lar como está ocorrendo na casa de Álvaro ao se desentender com a esposa.

Ficam expostos ao ataque das sombras e depois indagam da Providência Divina o motivo pelo qual o socorro não veio.

Depois questionam a ação dos seus anjos da guarda não entendendo que esses seres não podem violentar o livre-arbítrio dos seus tutelados.

Valéria e a filha se dirigiram para os seus respectivos quartos e Álvaro permaneceu na sala.

Uma luta íntima entre a sua atitude para com a esposa e a figura de Alexandra se instalara no seu interior.

Não sabia explicar, mas tinha ciúmes de sua companheira de trabalho no atendimento fraterno.

A presença de Valéria iria interromper aquelas horas de encantamento que a paixão crescente por Alexandra proporcionava ao seu orgulho e vaidade.

Esses sentimentos eram campo fértil para a aproximação e incentivo do obsessor que dialogava com ele sem que Álvaro percebesse que era invadido por um pensamento exterior que ele havia permitido infiltrar-se na sua vida.

– Fez bem, meu amigo! Você trabalha duro para cumprir com suas obrigações de pai e de marido. Tem direito a uma certa privacidade em sua vida. Que mal há em achar uma outra mulher bonita se a beleza de Alexandra salta aos olhos de qualquer homem normal?

– Sinto-me bem junto dela. O perfume discreto que usa balsamiza minha alma. Aquele jeito carinhoso de tratar as pessoas me acalma. Alexandra é um ponto de paz na correria do dia a dia em minha vida – pensava em sequência às sugestões do espírito inferior.

– Claro, amigo! Compreensível essa sensação de bem-estar que sente ao lado dela. Não abra mão disso! É o seu segredo! Só seu! – continuava o obsessor a responder mentalmente aos pensamentos de Álvaro como se um diálogo se travasse entre eles.

Ele não tinha bebida alcoólica em casa, mas pelo aborrecimento de ter discutido com a esposa, facilitou a ideia que o seu perseguidor introduzia em sua mente.

– Vamos lá! Tome uma cerveja bem gelada! Está fazendo calor! Existem locais discretos onde você poderá fazer uso desse minuto de prazer para acalmar a situação íntima. Do jeito que está nervoso, não conseguirá dormir bem. Apenas um pouco de bebida discreta, como uma cervejinha, acalmará sua noite e favorecerá o entendimento com sua esposa amanhã. Se dormir mal, levantará irritado, o que irá dificultar o diálogo entre vocês! Vá, meu amigo! Em nome da reconciliação do casal, ultrapasse essa linha de preconceitos contra uma pequena garrafa de bebida facilitando que a paz retorne dentro de você e, por extensão, ao seu lar voltando a se entender com sua esposa.

Entretanto, seus pensamentos foram bruscamente interrompidos pela voz da filha que retornou à sala onde Álvaro estava.

– Papai! Papai! Cuidado! O lobo!

– Filha! Você ainda não foi dormir quando se dirigiu ao seu quarto com a sua mãe?

– Eu dormi, papai. Acordei agora porque o lobo entrou na nossa casa.

– Bruninha! O papai já falou pra você que não existe lobo nenhum, filha! Volta para sua cama. Se o lobo aparecer, eu dou um jeito nele.

Pegou a filha no colo, levou-a até o quarto e colocou-a na cama.

Ao passar pelo seu quarto percebeu que Valéria ainda não adormecera e aproveitou para desfechar:

– Está vendo por que não pode deixar a menina para ir ao centro na atividade do atendimento fraterno?

Valéria ouviu, mas preferiu o silêncio como resposta. Álvaro estava estranho naquela noite.

Percebendo que a esposa não respondera, retornou para sala e pegou o jornal do dia que apenas segurava sem ler nada.

O obsessor continuava presente e procurando as insinuações mentais.

– Amigo! Ligue a televisão! Ela não perceberá quando sair para tomar uma bebida! Logo estará de volta ao lar, mais calmo.

Como comprovação da explicação dos espíritos da Codificação na questão 459 de *O Livro dos Espíritos*, Álvaro levantou-se e ligou o aparelho de tevê[1].

Colocou o som numa altura adequada para encobrir o ruído de sua saída de casa e demandou em busca de um local discreto

---

1. Questão 459 de *O Livro dos Espíritos*: Os espíritos influem sobre os nossos pensamentos e as nossas ações? E a resposta é muito clara: "A esse respeito sua influência é maior do que credes porque, frequentemente, são eles que vos dirigem."

para consumar a sugestão do obsessor, na ilusão de que ela o deixaria mais calmo.

Não precisou ir muito longe com seu carro. Bem próximo do seu lar existia um lugar apropriado para o plano que ele julgava ser o dele de ingerir uma pequena dose de bebida e retornar ao lar para o sono reconfortante daquela noite em que tivera aborrecimentos junto à esposa.

Era o exercício do livre-arbítrio em ação.

Como quem procura acha, Álvaro encontrou o lugar discreto para sorver a sua cerveja bem gelada como uma falsa válvula de escape para sua discussão com Valéria.

A essa altura dos acontecimentos, o obsessor já tinha enviado um comandado para buscar espíritos acostumados a vampirizar a bebida alcoólica dos encarnados, de tal forma que Álvaro passaria a ser mais uma vítima.

Fragilizado pela paixão perigosa por Alexandra, somado ao atrito no lar, o rapaz não se satisfez apenas com uma simples garrafa. Consumiu algumas para a alegria do obsessor e dos espíritos que, junto ao encarnado, sorviam o teor alcoólico que invadia o corpo físico e o corpo perispiritual do moço invigilante.

Mas o obsessor não tinha se dado por satisfeito apenas com os desencarnados infelizes voltados para o hábito da bebida.

Ao seu comando, espíritos em busca do prazer do sexo também se fizeram presentes.

No local discreto que Álvaro encontrara, figuras femininas utilizavam-se da noite para aventuras sexuais em busca de dinheiro.

Mas se o mal age, o bem não fica adormecido.

Cipriano aproximou-se do pai de Bruna e tocando-lhe uma região determinada da cabeça, produziu nele muita náusea seguida de vômitos.

Essa manobra afastou o perigo das mulheres que já se aproximavam para a consumação do sexo irresponsável.

O obsessor irritou-se ao ver seus planos vitoriosos pela metade. A bebida tinha sido consumida, mas o sexo inconsequente estava descartado.

Tremendamente irado, ele fixou o olhar analisando a dimensão espiritual daquele local como se procurasse por alguém.

– Está me parecendo a ação dos servidores do Cordeiro! Vivem escondidos! Devem estar neste lugar para dar errado justamente no final!

O obsessor estava certo.

Não sabia, mas teria outra surpresa!

Cipriano providenciara para que Valéria tivesse dificuldade para adormecer o que a levou até a cozinha em busca de um chá morno na tentativa de reconciliar o sono que teimava estranhamente em não vir naquela noite.

Ao passar pela sala verificou a ausência do marido associada à do seu carro na garagem em frente da casa.

Valéria não vacilou.

Foi até o quarto da filha para verificar se estava tudo em ordem. Constatando que sim, decidiu fazer uma caminhada pela redondeza.

"Talvez Álvaro tenha ido colocar combustível!" – considerou.

Mas alguma coisa dizia-lhe que não era propriamente isso.

A pequena distância do seu lar, não foi difícil deparar com o carro do marido estacionado em local próximo à sua residência.

Valéria contemplou o ambiente externo daquela casa noturna e não titubeou.

Enquanto Álvaro estava vitimado pelo efeito nocivo da bebida que não tinha o hábito de ingerir, associada a uma ajuda de Cipriano, Valéria, constatando a presença do marido naquele lugar, falou firmemente:

– Álvaro! Pelo amor a sua filha! Vamos agora para casa!

O obsessor lançou no ambiente já conturbado daquele local uma série de impropérios contra os covardes servidores do Cordeiro.

Cipriano, por sua vez, orava por todos os presentes, encarnados e desencarnados pedindo o socorro da Providência Divina a todos eles que eram filhos do Altíssimo.

Ao mesmo tempo Valéria retornava dirigindo o veículo com Álvaro adormecido ao seu lado.

Capítulo 6

NOVAS TRAMAS

O SILÊNCIO FOI O que imperou na manhã seguinte à mesa do café entre Valéria e Álvaro.

Ela não queria constrangê-lo porque sabia que bastava ao marido o peso da consciência pelo comportamento da noite anterior.

E ele não tinha argumentos para justificar sua conduta de maneira razoável.

Mesmo assim, não deixaram de se cumprimentar para que a distância entre ambos não se prolongasse indevidamente.

Bruna estava feliz porque o lobo mau não voltara ao seu lar, fato que expressou junto ao pai dizendo:

– Papai, o lobo ficou com medo de você e não voltou mais.

– Filha, ele não voltou porque não existe lobo nenhum. Tira isso de sua cabecinha. Fique com a mamãe e tudo estará bem, minha pequena.

Assim que o marido saiu para o trabalho, Valéria colocou em ação a decisão da noite anterior depois do ocorrido com Álvaro.

Iria procurar o senhor Floriano em busca de alguma orientação.

Seu coração dizia que algo estava errado naquele acontecimento todo.

Não queria fanatizar o fato de ser espírita, mas não descartava a participação de algum espírito mau na atitude de Álvaro. Com que objetivo, não saberia dizer. Nem levantar alguma hipótese. Mas que "algo" a mais existia, disso não tinha dúvida!

O marido sempre cordial, de repente tem uma atitude ríspida para com ela e termina embriagado num bar, não era um comportamento normal dele!

Sem fanatismo, considerou a possibilidade de alguma "participação externa" do mundo invisível naquilo tudo.

Com a filha que se distraía com alguns brinquedos, ela se viu à frente de novo com o amigo confiável do centro espírita.

– E foi assim que tudo aconteceu, senhor Floriano. Estou muito preocupada com essa atitude anormal de Álvaro. Gostaria de uma orientação sua – expôs Valéria narrando o acontecido.

– Valéria, minha amiga. Todos nós espíritas sabemos da possibilidade da intervenção dos espíritos em nossas vidas como está bem claro em *O Livro dos Espíritos*, principalmente quando não seguimos a orientação de Jesus de orar e vigiar.

– Mas, senhor Floriano, errar a gente sempre erra! Somos espíritos ainda muito atrasados na nossa evolução moral.

– Claro, minha filha! Claro! E Deus melhor do que ninguém sabe disso! Não exige de nenhum de nós aquilo que não podemos dar. A queda é normal no nosso caminho evolutivo. O que devemos evitar é a acomodação com o erro sob a justificativa de que somos imperfeitos! Pedro conviveu muito próximo de Jesus e errou negando-o por três vezes! Mas depois se redimiu a ponto de testemunhar com a própria vida seu amor ao Mestre! Paulo de Tarso perseguiu os cristãos enquanto ainda se chamava Saulo. Foi o responsável pelo primeiro mártir do cristianismo, Estêvão! Porém, como você bem sabe, tornou-se o Apóstolo dos Gentios permitindo que os ensinamentos de Jesus chegassem até nós. De tal forma que, ninguém caminha sem tropeços. O importante é se levantar e prosseguir sempre!

Enquanto dizia isso para Valéria, Floriano lembrava-se de sua conversa com Álvaro sobre os vícios por ter observado o comportamento inconveniente dele em relação a Alexandra.

– Está tudo bem com vocês, Valéria? – perguntou para analisar algum sinal de desavença entre o casal.

– Com exceção de ontem à noite, sim. Apenas Álvaro fica irritado quando Bruna aborda a história do lobo. Mas o que vamos fazer? É uma criança!

– Vamos com calma. Procure relevar a atitude dele de ontem para não afetar o bom relacionamento entre vocês. Se duas pessoas começam a puxar a mesma corda cada uma de um lado, dividem-se as forças que precisam ser somadas. Como Álvaro está de ânimos exaltados, seja você quem afrouxe a ponta da corda. Para que somem energias e aumentem a defesa do lar. Isso deve ser feito pelo amor que existe entre vocês dois e pela filha que possuem.

– Farei isso, senhor Floriano.

– Que bom! Enquanto isso vou procurar me aproximar mais de Álvaro no dia do atendimento fraterno para levar o apoio que for possível.

– Muito bom! Ele gosta do senhor.

– E vamos programar incluir o nome dele em nosso grupo de desobsessão para verificarmos a sua suspeita de "participação estranha" nos acontecimentos. Falarei com Alfredo que trabalha como coordenador dessas reuniões em que se procura ouvir os sofredores. Os espíritos obsessores também não passam de sofredores porque na medida em que fazem o mal, sofrem a ação do mal sobre eles mesmos. Aliás, se entendessem que são as primeiras vítimas, não agiriam como agem.

Enquanto Valéria voltava para sua casa com a filha, mais calma, Álvaro procurava confidenciar à amiga Alexandra os acontecimentos da noite anterior, utilizando-se do celular.

– E foi isso que aconteceu Alexandra – disse narrando os fatos da noite anterior.

– Mas Álvaro! Por que você se irritou com a sugestão do senhor Floriano para que sua esposa participe conosco do atendimento fraterno?

Fizeram-se alguns segundos de silêncio por parte dele.

Alexandra insistiu:

– O que foi? Não ouviu minha pergunta?

– Por ciúmes de você, Alexandra!

Agora foi a vez da moça emudecer.

E ele de insistir:

– Agora foi você que não escutou?

– Álvaro! O que está acontecendo, meu amigo? Somos parceiros na casa espírita! Você deve estar confundindo as coisas!

– Quer dizer que a minha paixão por você é um engano? É isso que precisava escutar para acreditar?

– Meu Deus, Álvaro! Para com isso! Você é um homem casado com uma companheira dedicada e boa mãe! Não arrume confusão para sua cabeça! Faça uma análise sincera e verá que está iludido! Que está errado!

– Não quero analisar nada, Alexandra! A única coisa que eu quero é ficar perto de você a maior parte do tempo!

O obsessor convulsionava de alegria com o rumo que as coisas tomavam. E como o rapaz abriu a defesa mental ao declarar-se para Alexandra, mais o obsessor se infiltrou para animá-lo a prosseguir.

Álvaro recebia as sugestões como se fosse um diálogo oculto entre os dois.

– Isso, amigo! Declare-se ao máximo e abalará a resistência que ela tem oferecido! As palavras de um homem apaixonado têm o poder de uma forte bomba capaz de remover os obstáculos mais difíceis do caminho. Continue! Não deixe que ela fuja de ouvir seus sentimentos! Agora é a sua hora! Ataque que ela não resistirá por muito tempo!

– Acho melhor a gente parar com essa conversa. Você não me parece bem, Álvaro! Consulte um médico!

– Não desligue, Alexandra. Se você não me ouvir apenas entre nós dois, vou ser obrigado a tornar público o que sinto por você!

– Álvaro! Acalme-se, amigo. Pense na sua filha e em Valéria!

– Não vou parar, Alexandra. Você precisa me ouvir! E não me chame de amigo. Estou apaixonado por você e não pode impedir isso!

Quando Alexandra retrucava os argumentos do companheiro de atividade no centro espírita, o obsessor ocupava o espaço mental de Álvaro para não deixá-lo recuar.

– Isso, meu rapaz! Mostre a força dessa paixão verdadeira que te consome! Ela precisa saber! Não a deixe desligar o telefone! Ela está com medo de sentir o mesmo que você! Não desista!

– Alexandra...

O telefone dele ficou mudo subitamente.

– Álvaro! Álvaro! O que aconteceu? Responda!

Cipriano ao lado do rapaz havia tomado uma pequena providência, causando nele uma rápida vertigem fazendo que o celular caísse de suas mãos. Por causa da noite maldormida e da ingestão não habitual de bebida alcoólica, não havia sido difícil para o espírito amigo a sutil interferência.

Os companheiros de trabalho se acercaram, preocupados.

Elisa, uma dedicada companheira de trabalho naquele local, se aproximou rapidamente dele.

– O que houve, Álvaro?! Está se sentindo mal? Dormiu bem essa noite? Está abatido, amigo!

Apoiando-se à mesa de trabalho, o rapaz se ergueu lentamente e procurou justificar:

– É. Realmente não dormi bem essa noite e me levantei cansado, Elisa. Não quis faltar ao trabalho.

– Parece que falava com alguém que deve ter ficado assustado quando você largou o celular. Veja se ainda não continua na escuta meu amigo – alertou Elisa sempre preocupada.

Álvaro imediatamente lembrou-se de Alexandra e tomou rápido o celular nas mãos e falou:

– Alô? Alexandra?

Mas a ligação já tinha sido interrompida.

– Álvaro – disse Elisa – vou falar com o nosso diretor para dispensá-lo nesta manhã. Assim você poderá ir para sua casa descansar um pouco e, depois do almoço, você volta recuperado.

– Não. Não faça isso, Elisa! Logo estarei bem. Não quero causar problemas às minhas obrigações na empresa nesta manhã. Apenas me arrume, por favor, um copo de água e logo estarei bem, minha amiga.

Elisa trouxe rapidamente o líquido solicitado e Cipriano presente aproveitou-se do líquido que Álvaro tomava aos poucos para colocar dentro dele recursos do plano espiritual.

Quem não estava satisfeito com os acontecimentos era o espírito obsessor que vociferava para seus comandados:

– São os servidores do Cordeiro que estão por aqui. Não tenho dúvidas. Foram eles que provocaram o mal-estar no nosso "amigo" no momento em que ele conquistava Alexandra pelo celular. Mas não perdem por esperar! Vou já buscar o troco.

E partiu com seus asseclas para o local que somente ele tinha em mente. Rapidamente chegou à casa onde residia Alexandra que estava preocupada com o amigo que interrompera bruscamente a ligação.

O obsessor ardiloso aproveitou esses sentimentos da jovem

e começou a enviar sugestões para que ela fosse até o local de trabalho do companheiro da casa espírita para verificar se estava tudo bem com ele. Não estaria precisando de alguma ajuda? O que teria acontecido para interromper bruscamente a ligação entre os dois?

As preocupações dela própria reforçadas pelas sugestões mentais do espírito presente fizeram-na tomar a decisão:

– Vou ao emprego de Álvaro para ver o que houve. Pode ser que tenha ocorrido algo e ele precise de ajuda. Amigos são para essas horas.

O obsessor estava satisfeito em ver Alexandra rumar para o emprego de Álvaro, mesmo que movida pelas melhores intenções.

– Essas ocasiões de necessidade são muito boas para que os encarnados estreitem seus laços de amizade que podem se transformar em sentimentos mais profundos! – observou com malícia e ironia o comandante dos espíritos voltados ao mal e que acompanhavam, como uma espécie de aprendizado infeliz, as orientações e comentários do chefe.

Rapidamente Alexandra se arrumou e partiu em direção ao local de trabalho de Álvaro.

O obsessor continuava suas considerações:

– Ao ver uma mulher bonita assim, não faltarão pensamentos que irão dar origem a imagens maliciosas sobre o relacionamento entre ela e o jovem que acabou de passar mal. E quanto mais energias desajustadas nessa interpretação da existência de alguma coisa entre os dois, tanto melhor para nossos planos! Vamos acompanhar a bela mulher até onde está o "príncipe" doente. Esse vai ser o troco para os covardes servidores do Cordeiro que, com certeza, estão por lá escondidos como sempre fazem! – concluiu gargalhando da sua artimanha e saboreando por antecipação a sua vitória.

Álvaro já havia se recuperado do mal súbito atribuído à noite maldormida quando vieram dar-lhe a notícia:

– Álvaro, alguém o procura. E posso garantir que é muito bonita! – comentou Luiz, colega de trabalho que trouxe a notícia com sorriso de malícia.

– Meu Deus! Para que tanta confusão por um mal súbito tão passageiro?! Por favor, faça entrar a pessoa – respondeu.

Era ela! Arrumada de maneira simples e que destacava mais a sua beleza natural aos olhos apaixonados dele.

– Alexandra?! O que faz aqui?

– Fiquei preocupada com a interrupção da ligação e vim ver o que aconteceu. Está tudo bem?

– Claro! Claro! Está. Tive apenas uma tontura passageira por uma noite maldormida, como conversávamos ao telefone. Só isso! Mas é uma alegria vê-la preocupada comigo, minha amiga.

O termo "amiga" foi proposital porque Álvaro percebeu os olhares maldosos dos homens que ali trabalhavam sobre ele e Alexandra. Não podia despertar nenhuma suspeita. Principalmente junto aos companheiros de trabalho que, por ser uma parte do sexo feminino, eram mais desconfiadas e, algumas delas, conheciam Valéria.

Álvaro segurou as mãos de Alexandra para agradecer-lhe a atenção, quando vieram anunciar novamente:

– Tem outra pessoa a sua procura, seu galã! – anunciou novamente Luiz.

– E quem é? Faça-a entrar para visitar o doente do dia! – colocou Elisa.

Mas não houve tempo da visita ser anunciada.

Ela mesma o fez:

– Sou eu, Álvaro! Me ligaram dizendo que você não estava bem e vim saber o que está acontecendo.

Era Valéria!

Álvaro largou bruscamente as mãos de Alexandra que segurava afetuosamente.

– Telefonei para sua esposa, Álvaro. Achei que ela devia ser avisada de que passou mal – explicou Luiz com um certo olhar de malícia para o colega.

– Claro! Fez bem! Mas não precisava incomodá-la. Temos uma filha que necessita dos cuidados da mãe e o marmanjo aqui já está curado.

O obsessor gargalhava ao ver Álvaro "entre a cruz e a espada" como se costuma dizer entre os encarnados.

"A esposa e a sua recente paixão! Alexandra! Que ótimo para desequilibrá-lo ainda mais e facilitar o meu domínio sobre ele! Que dose esta manhã, meu rapaz! Sua discussão com a esposa ontem à noite, seguida pela bebida que sugeri estão rendendo bem até hoje, amigo!"

E gargalhava lançando outro desafio:

"Gostaram, servidores do Cordeiro, dessa minha artimanha? Aposto que por essa não esperavam!"

E continuou a rir histericamente.

Nisso, Bruna que também tinha ido com a mãe e aguardava fora do local de trabalho junto a uma amiga de Valéria, desprendeu-se das mãos da mulher e adentrou correndo pelas salas até chegar onde estava o pai.

– Papai! Papaizinho! O lobo pegou você?

O obsessor enfureceu-se com o surgimento da garota porque despertou sentimentos mais nobres e equilibrados no pai.

Cipriano, por sua vez, novamente pedia a misericórdia de Deus para todos os presentes, melhorando as vibrações do ambiente onde estavam reunidos.

Alexandra, auxiliada pela melhora das energias reinantes, teve a iniciativa de dirigir-se a Valéria, comentando:

– Álvaro me disse hoje pelo telefone que o senhor Floriano

a convidou para reforçar nosso grupo de trabalho lá no centro, Valéria.

– Foi isso mesmo que aconteceu, Alexandra. Conversei isso com Álvaro ontem à noite – respondeu olhando para o marido já que a proposta tinha sido o início dos desentendimentos todos entre os dois.

– Vai ser muito bom. O casal poderá trabalhar unido reforçando os méritos de ambos – complementou Alexandra.

– O que me preocupa é a Bruninha. Não quero que fique longe da mãe, principalmente com essa mania do lobo que criou na mente – não perdeu a oportunidade Álvaro de colocar a filha como empecilho

– Lá temos companheiros que ficam com as crianças, Álvaro. Não vai ter problema nenhum. Até pelo contrário. A menina em outras companhias pode desviar a atenção da ideia desse tal de lobo! – tornou a comentar Alexandra.

– Está vendo, Álvaro?! Até nossa filha vai se beneficiar! Obrigada pela colocação, Alexandra – agradeceu Valéria.

Álvaro entendeu que, na realidade, Alexandra estava convidando sua esposa Valéria para evitar a conversa dele sobre a paixão por ela quando estivessem a sós no grupo de atendimento fraterno.

O obsessor estava mais irritado ainda e tentava emitir pensamentos negativos para Álvaro:

"Não se preocupe, amigo! Daremos um jeito nessa artimanha de Alexandra. Se ela está com medo, isso é bom sinal. Quer dizer que suas investidas estão minando as defesas dela!"

– Papai! Também quero ir ao centro brincar com outras crianças! – comentou a filha que parecia estar desligada da conversa.

– Está bom, filha. Depois eu e a mamãe conversaremos sobre tudo isso. O importante é que estou bem e preciso trabalhar. Agradeço a visita de todos e as preocupações que tiveram comigo.

Aproximou-se da filha, tomou-a no colo e beijou sua face. Abraçou a esposa dando-lhe também um beijo. Aproximou-se de Alexandra, apertou-lhe uma das mãos e também a beijou no rosto.

Todos se retiraram enquanto Luiz comentava com outro companheiro ao seu lado, longe de Álvaro:

– Não sei não, meu amigo, mas alguma coisa estranha tem nesse trio!

– Que trio é esse, cara? – questionou o outro.

– Valéria, Alexandra e Álvaro.

– Continuo não entendendo!

– O olhar de Álvaro para Alexandra me pareceu de um homem apaixonado! A maneira como ele segurava em suas mãos antes da chegada da esposa também é suspeita em minha opinião!

– Acho que o tal do "lobo" da filha dele pegou você, cara! – disse sorrindo o amigo com quem Luiz conversava.

– Você acha, é? Então vamos dar um tempo para o "lobo" sair da "floresta"!

– Nossa! Está precisando benzer esse lugar! É cada uma que acontece e que se escuta por aqui!... – observou o outro rapaz que escutava a maledicência de Luiz.

Capítulo 7

OS PRIMEIROS CONTATOS

NO CENTRO ESPÍRITA ALVORADA Nova, Alfredo, que coordenava o grupo de médiuns nas reuniões de atendimento aos espíritos sofredores, dirigia a palavra ao grupo reunido para mais uma tarefa de socorro aos desencarnados necessitados.

Tomando de *O Evangelho segundo o Espiritismo* para a devida leitura que antecedia o início dos trabalhos, o trecho aberto ao acaso foi o capítulo X, mais especificamente o tema "Reconciliar-se com os adversários", de Mateus, cap. V, v. 25,26:

> Reconciliai-vos o mais depressa com o vosso adversário, enquanto estais com ele no caminho, a fim de que vosso adversário não vos entregue ao juiz, e que o juiz não vos entregue ao ministro da justiça, e que não sejais aprisionado. Eu vos digo que em verdade, não saireis de lá, enquanto não houverdes pago até o último ceitil.

Feita a leitura, Alfredo fez breve comentário sobre o assunto.
– Prezados companheiros de doutrina espírita, o trecho da noite deixa bastante evidente os meios de se evitar o fenômeno

obsessivo por meio de nossos desafetos ainda na mesma reencarnação. Quando o homem por orgulho, ou até mesmo por desconhecimento dessa realidade, não procura a reconciliação na mesma existência, a mágoa, o ódio transporão as barreiras do túmulo e exercerão seu efeito devastador na dimensão espiritual. Aquele que se sente prejudicado se volta contra aquele que julga ser seu agressor, ainda encarnado, dando origem a essa realidade que nós espíritas conhecemos tão bem e que é o desejo de fazer justiça com as próprias mãos, valendo-se da invisibilidade de que é possuidor por não ter mais um corpo material!

"Ajunte-se a isso a descrença que infelizmente ainda impera entre os homens sobre essa realidade. A ideia falsa e infeliz cultivada pelos encarnados sobre aquele que deixa o corpo pelo fenômeno da morte indo parar em um local longínquo da Terra e ficando definitivamente longe dos chamados vivos mais facilita esse desejo de fazer justiça com as próprias mãos.

"Já temos vários casos que atendemos em nosso grupo de espíritos vinculados a encarnados dos quais desejam se vingar. Sabemos bem da dificuldade de conseguir a reconciliação entre eles e as suas vítimas mergulhadas na carne, porque se hoje são vítimas de uma perseguição sem tréguas, ontem foram os agressores, foram aqueles que impuseram o sofrimento.

"Por isso, a busca pela reconciliação entre duas pessoas enquanto ambas estejam no corpo físico é muito mais fácil do que quando uma está na dimensão dos espíritos, impregnada pelo ódio que poderia e deveria ter sido eliminado enquanto estavam caminhando juntas pela Terra. Como deixa bem claro o texto do Evangelho, não se aplica entre os homens o ditado de que 'morto o animal, morto o veneno', simplesmente porque o espírito não morre. Melhor neutralizar o 'veneno' enquanto estamos nos caminhos terrestres na posse do corpo material."

Feita essa breve exposição, Alfredo pediu aos componentes

do grupo mediúnico para que todos implorassem o auxílio de Jesus e dos planos elevados da espiritualidade para o bom desempenho dos trabalhos de mais aquela noite.

Uma música bem suave e discreta era ouvida no ambiente fracamente iluminado enquanto se aguardava pela manifestação de alguma entidade necessitada de esclarecimentos proporcionados pelo grupo.

De repente, Valquíria, médium de incorporação, iniciou a comunicação de um dos espíritos conduzidos até aquela casa espírita.

Antes das palavras o comunicante gargalhou e logo em seguida começou a falar com alta carga de ódio na voz da médium.

– Primeiro cercam esse local para que eu não entre com aquele que me deve muito e irá pagar até o último centavo como vocês mesmo acreditam. Depois me trazem aqui nesse lugar à força! Não passam de um bando de hipócritas que pensam poder fazer o que bem entendem!

Alfredo interferiu:

– Seja bem-vindo, meu irmão. Considere-se nosso visitante e jamais nosso prisioneiro.

– Ora, não me venha com esse discursinho doce que já conheço muito bem. Se pensam que vão me fazer ficar "bonzinho" como vocês, perdem o seu tempo, servidores do Cordeiro!

– Acertou numa coisa, mas errou em outra – comentou Alfredo.

– Não estou interessado em saber nada! Quero ir embora desse lugar insuportável cheio de gente falsa!

Alfredo, sem alterar-se em absolutamente nada, prosseguiu:

– Errou ao julgar que somos "bonzinhos" como você disse. Somos espíritos com muitas imperfeições, mas que lutamos contra nossos defeitos. E acertou ao dizer que servimos ao nosso mestre Jesus.

– Eu sei que servem a esse Cordeiro. Há muito tempo eu conheço esse pessoal! Tem razão ao dizer que não são bons porque, na verdade, só praticam a maldade ao longo da história por amor a esse Cordeiro e por ódio contra aqueles a quem chamam falsamente de "irmãos"! Não é engraçado isso? Amam o Cordeiro e odeiam aqueles que não pensam como vocês!

– Se puder ser mais claro, conseguiremos ajudá-lo, meu irmão – colocou Alfredo.

– Continua com a hipocrisia dessa mania de chamar a quem odeiam de "irmãos"! Não sou irmão de ninguém que esteja neste lugar! Sou inimigo mortal! Se duvidam, esperem para ver o que vou fazer com o protegido de vocês! Ou será melhor se eu disser, com o "irmãozinho" de vocês?

Disse e gargalhou como no início da comunicação.

– Está cometendo um erro na sua interpretação, meu irmão. Não odiamos você e nos consideramos seu amigo e estamos dispostos a ajudá-lo se nos permitir e quiser.

– Pois não quero nada! Continuam falsos como sempre e não vão me impedir de levar adiante meus planos!

– Continuaremos aqui sempre que quiser nos visitar. Não é nosso prisioneiro. Nosso objetivo é levar a paz de Jesus a todos os corações.

– Paz?! Estranho isso que chamam de "paz" enquanto empunham armas com a cruz do Cordeiro em suas vestes!

– Se nos fornecesse mais dados, poderíamos compreendê-lo melhor e, dessa forma, ajudá-lo mais, meu irmão.

– Chega! Estão querendo me obrigar a falar para preparar uma armadilha na qual pensam que me pegarão. Chega dessa conversa doce! Vou embora para bem longe daqui! Mas continuarei com "ele". Já não usa mais roupas com a cruz do Cordeiro, mas continua me devendo do mesmo jeito e vai pagar pelo que me deve!

– Volte sempre, meu irmão. Alegra-nos com a sua presença. Por ora não podemos auxiliá-lo mais porque prefere manter a incógnita sobre a pessoa que teria lhe feito o mal quando vestia roupas com a cruz do nosso Mestre e Senhor Jesus como você se referiu. Volte sempre.

Valquíria deu sinais de que a sintonia com o espírito comunicante havia se encerrado e a reunião continuou cumprindo outros compromissos no tempo previsto.

Ao término dos trabalhos, os companheiros que dispunham de mais alguns minutos ficavam trocando ideias no centro espírita sobre as comunicações recebidas.

E entre elas a que mais deixou dúvidas e se tornou o alvo da análise de alguns dos membros da equipe junto a Alfredo, sempre em busca de aprendizado, fora exatamente a primeira.

O orientador abriu espaço para a troca de ideias entre os componentes que haviam permanecido no centro.

– O primeiro espírito comunicante deixou claro a sua posição infeliz de obsessor.

– Exato, Alfredo. E deve estar perseguindo alguém de nosso conhecimento ao se referir que o "nosso" protegido não seria poupado – comentou um companheiro.

– Creio que essa referência dele é de difícil identificação porque nosso objetivo é o bem de todos, encarnados e desencarnados. É evidente que o espírito que está na posição de agressor não entende isso. Acredita que queremos proteger àqueles que são perseguidos. Não entende que não somos ninguém para proteger a outrem por conta das nossas imperfeições. Não aceita que estamos todos, inclusive ele mesmo, sob a proteção de Deus e de Jesus.

– Não sei, Alfredo, mas sinto que ele se referia a alguém próximo a nós! – observou novamente.

Fez uma pausa e continuou:

– Não achou estranha a referência dele sobre empunhar armas e com a marca da cruz nas vestes? Parece que ficou muito irritado nesse momento da comunicação.

– Percebeu alguma coisa nessa hora, Valquíria, pelas impressões que o espírito transmitia por seu intermédio? – perguntou Alfredo.

– Não sei o momento exato, mas senti uma angústia muito grande em determinado momento da comunicação. Ao mesmo tempo percebi reações que lembravam a de alguém que se defende num grande tumulto. Não sei definir com maior clareza.

– Posso usar o exemplo de uma aglomeração pública onde, de repente, irrompe um conflito entre as pessoas como se fosse um brigando com o outro? – procurou ajudar Alfredo.

– Pode até ser usada essa imagem, mas em proporção muito maior!

– Maior como se fosse uma guerra, Valquíria? – acrescentou Alfredo outra vez.

– Uma guerra? Pode até ser, mas não consigo buscar um sentido exato para os sentimentos daquele momento da comunicação.

– Interessante sua observação, Alfredo – interviu um dos presentes. – Inclusive o espírito comunicante citou durante a sua comunicação a presença de armas! Tudo muito confuso mesmo!

– E se quiser colocar mais um fator de difícil entendimento, acrescente a citação da cruz nas vestes de quem agredia! – completou Alfredo.

– Tem razão, Alfredo. A cruz é o símbolo do amor, jamais do ódio, da agressão. Violência e armas são incompatíveis com ela – adicionou Valquíria.

– A não ser que... – principiou a dizer Alfredo, mas silenciou.

E depois de uma breve meditação, continuou:

– Não. Não é possível. Isso foi há muitos séculos!

– Explique o que está acontecendo, Alfredo – observou outro componente do grupo.

– Vou meditar um pouco mais na hipótese que me veio à cabeça e depois discutimos. Tenho certeza de que esse espírito vai retornar ao nosso meio com mais informações. Sua carga de ódio é muito grande e ele vai necessitar de uma válvula de escape para suportar as lutas íntimas em que está mergulhado. Nós seremos para ele o canal através do qual aliviará a alta tensão gerada pelo ódio que o move. Na medida em que agridem por meio das palavras, de certa forma são aliviados, mesmo que não percebam. A misericórdia de Deus é tão infinita que proporciona esse recurso a ele e a todos nós que temos mais sombras do que luz. Que temos ainda muito do homem velho e pouco, muito pouco, do homem novo que Jesus espera de cada um de nós.

Essas últimas palavras de Alfredo antecederam as despedidas dos amigos que se abraçaram e seguiram em direção aos seus lares.

Na casa de Alexandra, o obsessor aguardava a moça mergulhar no sono do corpo para dar andamento aos seus planos.

Falava aos seus subordinados:

– Vamos fazê-la recordar nesta noite de tempos distantes! Muito distantes! Não irá entender quando retornar ao corpo da presente existência, mas o nosso trabalho é realizado aos poucos, recolhendo pedras aqui e acolá até chegarmos ao nosso objetivo que é fazer justiça!

O plano espiritual voltado para o bem das criaturas também estava presente na figura de Cipriano que observava as atitudes, intenções e pensamentos do obsessor, tecendo os devidos comentários.

– Muitas vezes o mal trabalha para que o bem seja vitorioso sem se dar conta disso. Deixemos o nosso irmão iludido pela vitória do ódio dar curso às suas intenções porque o resultado será sempre a vitória do amor! Continuemos a observar e a amparar tanto aos encarnados quanto aos nossos companheiros desencarnados, temporariamente iludidos em seus conceitos, em suas interpretações. Fiquemos por perto trabalhando por Jesus em favor de todos nós.

Alexandra providenciou algumas coisas de que precisava se utilizar no dia seguinte que seria o de trabalho no Centro Espírita Alvorada Nova no serviço de atendimento fraterno.

Separou a roupa que a deixasse mais à vontade e alguma página para ser lida como introdução aos trabalhos em favor aos menos favorecidos como era praxe entre o grupo.

Deitou-se no leito depois da prece daquela noite, pensando no trabalho junto ao grupo de atendimento fraterno na manhã seguinte, à espera que o sono viesse.

E ele veio pouco tempo depois.

O obsessor também aguardou o momento do desprendimento de Alexandra.

Cipriano acompanhava todos os envolvidos jamais perdendo a certeza de que tudo caminhava, mesmo que na aparência fosse o contrário, em direção do sucesso do bem sobre o mal, da luz sobre as trevas.

Capítulo 8

TEMPOS LONGÍNQUOS

Cipriano não interferiu nas intenções do obsessor. A prece da moça antes de adormecer não tinha deixado de ser ouvida. Exatamente por isso o espírito dedicado a auxiliar a todos continuava presente permitindo a sequência de atitudes do espírito vingativo por entender que os acontecimentos colaborariam para esclarecer os fatos no tempo devido, bem como em respeito ao livre-arbítrio de cada ser consciente da criação. A misericórdia de Deus não tinha pressa. Somos espíritos imortais!

– Vamos levar essa mocinha ao passado onde estivemos juntos! Evidentemente que ela não se lembra. Hoje é uma servidora do Cordeiro, mas também já foi vítima dele!

Dito essas poucas e confusas palavras começou a criar um ambiente com os seus pensamentos que lembravam cenas de guerras onde seres humanos se atracavam em luta mortal.

– Seja bem-vinda, Alexandra, ao nosso remoto passado. Você se esqueceu, mas eu não! – dizia o obsessor na medida em que plasmava as cenas que iriam se suceder.

Alexandra estava muito confusa. Sentia-se no meio de pessoas que se agrediam. Muita violência. Gritos de dor e de incitação ao combate. Ruídos de cavalos a galope. Metais brandindo nos ares. Poeira. Sangue. Corpos mutilados e sem vida!

Ela só conseguia balbuciar:

– Meu Deus! O que é isso tudo?! Onde estou? Para onde me levaram?!

O obsessor exultava com a confusão da jovem totalmente desorientada.

– Ao passado, minha amiga! Ao passado! Onde éramos felizes. Não se lembra? – dizia com ironia e sarcasmo ao mesmo tempo que gargalhava com desespero.

E continuou transmitindo mentalmente a Alexandra os seus pensamentos.

– Logo você terá mais uma surpresa! A maior de todas! Dessa não se esquecerá!

Aguardou um pouco para que a confusão da moça se aprofundasse para continuar.

– Olhe, minha amiga! Repare bem num desses cavaleiros revestidos de pesadas armaduras! O escudo enorme que protege quase o corpo todo dele! O animal imponente que o transporta em direção aos seus inimigos! A espada pesada e afiada com que destroça seus inimigos! Note bem os detalhes do rosto dele! Olhe, Alexandra! Olhe!

As palavras finais do obsessor tinham um tom de ordem para que a jovem cumprisse o que ele determinava.

Alexandra, confusa, abrindo os olhos como quem inicia o despertar de um sono profundo, firmou o máximo que pode suas vistas procurando pela figura que o obsessor indicava naquele aglomerado de homens de um lado e de outro que se digladiavam até a morte e, quase num grito, exclamou:

– Álvaro! É ele! É Álvaro!

Se estivesse acordada no corpo físico, com certeza desfaleceria pelo choque daquele reconhecimento extremamente inesperado.

Nesse momento Cipriano julgou melhor interromper a ação do obsessor junto ao espírito da sua vítima naquela noite.

Desfez a cena toda que lembrava um ferrenho combate com a emissão de energia dispersadora dos fluidos adensados para a confecção daquela cena.

O obsessor continuava a não conseguir vê-lo pela diferença de energia vibratória entre os dois, mas não teve dúvidas de que a intervenção de Cipriano acontecia.

– Malditos servidores do Cordeiro! Não dão tréguas! Têm que estar em todos os lugares?! Por que se intrometem no que não é da conta? Vivem escondidos porque temem o enfrentamento! Não me deterão! Vou me vingar fazendo a justiça que já deveria ter sido feita em todo esse tempo!

Cipriano não respondia ao espírito voltado ao mal. Pedia a Jesus misericórdia para todos os envolvidos. E a resposta do Alto não tardou como sempre acontece quando a prece emana de um coração verdadeiramente desejoso de auxiliar a outrem.

Uma fina névoa desceu na dimensão espiritual onde Alexandra e o perseguidor se encontravam, como se uma delgada cortina de água lavasse um vidro empoeirado, desfazendo toda a visão atormentadora criada pela mente dedicada ao mal do seu próximo e, em consequência, ao mal dele mesmo.

Alexandra, sob a ação benéfica das energias emanadas das mãos do mentor presente, como que adormeceu no mundo espiritual, sendo conduzida de retorno ao corpo físico onde se acomodou como um feto se aninha no útero materno.

Ao obsessor outra alternativa não sobrou a não ser se retirar do recinto esbravejando blasfêmias e ameaças, agitando no ar as mãos como se elas empunhassem alguma arma mortal.

– Não pensem que me derrotaram! Vou levá-la até o passado quantas vezes se fizer necessário para que ela não se esqueça do que foi e do que fez! E o maldito também me pagará! Vão continuar se encontrando no presente e no passado! Até acertarmos as nossas contas!

Alexandra, apesar do socorro recebido de Cipriano, não acordou se sentindo bem na manhã seguinte. Exatamente no dia do atendimento fraterno.

Por isso mesmo abriu seu coração ao companheiro Álvaro assim que se encontraram.

– Oi, Alexandra! Não dormiu legal? Está meio abatida!

– Realmente não dormi mesmo, meu amigo.

– E qual a razão? Sonhou comigo e teve um pesadelo? – disse Álvaro brincando para descontrair o ambiente e ajudar na melhora do humor dela.

– Você está brincando, mas estava no meu sonho sim, amigo!

– Nossa! Que bom! Já que não consigo cativá-la ao vivo, quem sabe nos sonhos, não é? – continuou a gracejar.

Alexandra esboçou um sorriso discreto, mas manteve a aparência estranha da mesma forma.

Álvaro percebeu a realidade e resolveu conversar mais sério.

– Quer conversar sobre o assunto?

– Foi um sonho muito estranho! Estou confusa com as poucas lembranças que consegui guardar! Estava num campo de batalha! Veja só! Eu, uma mulher no meio de uma guerra?! O que é isso, amigo? Só se me levaram para algum local em espírito! Não tenho nenhuma noção do que aquilo possa representar na minha vida atual e muito menos nas existências anteriores!

– É estranho realmente, Alexandra. Também não consigo assim de momento formular nenhuma hipótese sobre esse seu sonho e suas visões. Mas podemos conversar com o senhor Floriano sobre o assunto. Ele sempre tem bastante discernimento e poderá nos orientar melhor.

– Pois é! E para enrolar ainda mais o assunto, se é que já não está bastante confuso, você estava lá também no meio de toda aquela confusão como já te falei.

– É. Aí o negócio fica mais difícil de entender realmente. Eu num lugar desses?! Também não consigo entender! Mas o que eu fazia? Você consegue se lembrar de alguma coisa?

– Apenas do seu rosto no meio a tantos outros desconhecidos. Você gritava palavras que não dava para entender. Seus braços estavam erguidos como se segurassem alguma coisa. Não tenho certeza, mas parece que estava cavalgando ou coisa semelhante.

– Isso deixou tudo mais confuso porque não sei nem o lado do cavalo que deve ser montado, quanto mais estar cavalgando no meio de muitos outros! Guerra, então! Nem me fale dessa barbaridade que o ser humano é capaz de ter cometido na face do planeta que por isso mesmo é de provas e expiações. Não suporto sequer assistir a filmes que abordam como tema essa barbaridade de um ser humano tirando a vida do outro, muitas vezes sem ter um motivo que possa ser compreendido mesmo que não possa ser justificado!

– Você tem razão. O jeito é conversar com o senhor Floriano. Talvez ele possa nos orientar melhor – considerou Alexandra.

Os trabalhos do atendimento fraterno tiveram início e na pausa que se fazia entre as horas de trabalho que separava um bloco de atendimento de outro, Floriano se aproximou de Álvaro e Alexandra e logo percebeu que o estado de ânimo da moça não estava dentro do habitual. Não perdeu a chance de auxiliar.

– Desculpe-me, Alexandra, está tudo bem com você? O trabalho de hoje a deixou mais exausta do que nos outros atendimentos?

Ela sorriu meio constrangida e comentou:

– Não, senhor Floriano. Não tem nada a ver com o nosso atendimento fraterno que apenas nos revigora.

88 | RICARDO ORESTES FORNI

– Se quiser falar sobre a causa da sua aparente tristeza, conte comigo, minha filha.

– Quero, sim! Creio que o senhor poderá me ajudar de alguma maneira. Foi um sonho confuso que tive esta noite. Me vi num quadro de guerra ou coisa parecida. Homens lutando, se digladiando, tirando a vida uns dos outros. Creio que não fui a um bom lugar durante o sono do corpo, senhor Floriano.

– Como bem sabemos pelos esclarecimentos da doutrina espírita, isso pode realmente acontecer de não irmos a um bom lugar quando o corpo adormece.

– Mas eu, uma mulher, no meio de uma guerra, senhor Floriano?! Se fosse um homem até poderia fazer sentido.

– Não sei te explicar assim de pronto o que você viu ou vivenciou no sonho, Alexandra. Apenas faço um reparo de que nesta existência está num corpo feminino. Nos séculos anteriores o que sabemos nós de que corpo nos utilizamos, o que fizemos e por onde andamos, não é?

– Mas eu era mulher também na cena do sonho, senhor Floriano. E Álvaro era um homem.

– Quer dizer então que ele também estava presente?

– Sim e em condições que na atualidade ele repele totalmente. Guerras e mortandades entre povos! O espiritismo nos sensibiliza a tal ponto com os seus ensinamentos que rejeitamos essas atrocidades mesmo quando em sonhos!

– Então Álvaro estava presente nessa espécie de combate que você vivenciou?

– Sim! E como um dos guerreiros violentos! Não consegui ver muita coisa ou não me recordo do que vi porque, de repente, fui retirada desse ambiente.

– Por certo, pela interferência dos bons espíritos, Alexandra. Mas não deixa de ser interessante para nossa meditação e estudos. Pode ser que tudo o que hoje não faz sentido, um dia comporá algum quebra-cabeça em nossas vidas! Vamos aguardar e confiar sempre na misericórdia de Deus e no amparo de Jesus, minha filha.

– Não posso me imaginar nessa situação em que Alexandra me viu, senhor Alfredo. Não faz sentido – comentou Álvaro que estivera quieto até então.

– Não vamos nos precipitar, Álvaro. Vamos fazendo anotações que a vida nos traz para nos auxiliar a compreender o que somos hoje pelo que já fizemos em tempos longínquos.

O assunto foi interrompido subitamente pela presença de Valéria que adentrava o local.

– Olá, pessoal! Eis-me aqui como mais uma voluntária para o grupo de atendimento fraterno! Não falei nem para o Álvaro que viria. Queria fazer uma surpresa para todos! – colocou alegre.

– Que bom, minha amiga! Quanto mais gente no trabalho na seara de Jesus, tanto melhor! – disse Floriano para a recém-chegada inesperada, porém analisando a reação do marido.

– E onde você deixou Bruninha? – reagiu instantaneamente o rapaz.

– Está aqui com outras crianças, meu bem. Está feliz porque aqui, disse ela, não tem lobo mau!

– Pronto! Vai começar essa história de novo! – observou o pai de Bruna contrariado.

Floriano, sorrindo, procurou contornar a situação:

– E ela tem razão, Álvaro. O centro espírita é um oásis para todo espírito. Até para aqueles que se apresentam ou agem como lobos, meu amigo! É o local adequado para pacificarmos o lobo que ainda existe em cada um de nós na busca de construirmos o Cordeiro que Jesus espera de cada um, meus amigos!

Floriano tinha percebido a reação de Álvaro ao ver diante deles a figura da esposa. A pergunta sobre a filha fora apenas uma forma de demonstrar a sua insatisfação pela presença de Valéria.

Havia naquele momento o "lobo" da insatisfação, da raiva, se agitando dentro dele.

Floriano tinha notado muito bem. E o obsessor em sintonia com o marido contrariado também!

Capítulo 9

ATRITOS QUE ABREM PORTAS

AO CHEGAREM EM CASA, Álvaro não resistiu puxar conversa com a esposa sobre o fato dela ter ido ao centro no grupo de atendimento fraterno.

A presença dela atrapalhava seus planos junto a Alexandra dos quais não desistira.

Da mesma forma, o obsessor também não abrira mão dos seus objetivos e encontrou na contrariedade da sua vítima uma ocasião para fomentar a discórdia entre o casal.

– Você deveria ter me avisado que iria hoje ao centro, Valéria. Me fez passar vergonha perante os outros do grupo de atendimento fraterno porque fiquei surpreso com a sua presença.

– Álvaro! Minha intenção era exatamente outra. Queria fazê--lo feliz por eu ter comparecido para trabalharmos juntos. Vergonha, por quê?

– Ora! Porque o próprio marido não sabia que a mulher ia comparecer aos trabalhos! Que casamento é esse onde um não sabe o que o outro faz ou vai fazer?

– Nossa! Está fazendo tempestade em copo d´água! Não entendo essa sua irritação. A impressão que me passa é a de que não queria minha presença por lá nem hoje e nem em outra ocasião!

– Gostaria que eu aparecesse em uma reunião sua com suas amigas sem nenhum aviso? – contrapôs ele.

– Que argumento mais estranho! Sinceramente, não estou entendendo sua atitude!

O obsessor presente ao ambiente conturbado pela discussão do casal aproveitava para insuflar um contra o outro.

– Isso mesmo, meu amigo! Você tem que mostrar seus direitos de marido que deveria ter sido avisado! Que falta de consideração por parte dela! E ficou constrangedor perante seus amigos você desconhecer a atitude da esposa. Que espécie de casal é esse, não é mesmo?

E para Valéria também desequilibrada pelo desentendimento, o obsessor adotava outra linha de raciocínio entendedor que era para instalar a discórdia onde existisse as condições para isso como naquela ocasião.

– Que marido mais descortês, minha amiga! Você é uma excelente esposa. Vive em função do lar. Como mãe é irrepreensível! Egoísmo da parte dele ou será que... existe um outro motivo que ainda não percebeu?

Valéria que estava nervosa com a conversa ia captando as ideias infelizes do espírito voltado para o mal como se fossem seus próprios pensamentos.

Como sempre, se o mal se fazia presente para aproveitar do momento de atrito entre Álvaro e Alexandra, Cipriano também estava no local e emitia seus pensamentos com sugestões para apaziguar o ambiente.

– Valéria, minha filha. Cuidado com a cólera que nos expõe aos espíritos desejosos de desestabilizar o lar. Não prossiga nessa conversa no presente momento. Espere os ânimos se acalmarem para encontrar uma compreensão pacífica sobre o ocorrido.

Se você continuar a retrucar os comentários do seu marido, isso será como jogar lenha na fogueira, como se costuma dizer entre os encarnados.

Ocorre que as sugestões de Cipriano eram interpretadas por Valéria como se perdesse uma disputa naquela troca de palavras. Uma atitude muito comum aos encarnados motivada pelo orgulho. As sugestões infelizes que partiam do obsessor satisfaziam mais por conferir uma sensação de vitória naquela discussão.

– Haveria alguma razão que eu desconheça para essa sua implicância com o meu comparecimento ao grupo, Álvaro? Talvez eu esteja atrapalhando alguma coisa ou a alguém que eu não tenha percebido.

"Nossa! Essa passou perto demais! Preciso tomar cuidado! Preciso tomar cuidado com as minhas palavras para que Alexandra não seja descoberta!" – pensou rápido Álvaro.

– Não entendi a sua indireta, Valéria. E nem pretendo entender. Pense o que quiser. Só acho que Bruna precisa da companhia da mãe.

– Como você está ríspido e agressivo, Álvaro! Bruna também é sua filha e precisa de você como pai da mesma maneira como me cobra como mãe. Os filhos precisam de um lar completo, ou seja, de um pai e de uma mãe. Se você pode ficar no trabalho de atendimento fraterno, não vejo por que a minha ausência junto a nossa filha seja prejudicial desde que a menina está conosco no centro e na presença de outras crianças. Isso será até benéfico para ela tirar a ideia desse tal de lobo da imaginação, como você mesmo insiste em dizer.

– Não vou discutir! Faça como a sua consciência julgar melhor. Deixe a menina longe de você, já que não se importa com isso.

– Sua resposta é muito infantil, Álvaro! Parece uma criança de rua brigando por uma bola de gude ou uma bala qualquer!

"Amigo! Não deixe a mulher tomar conta da sua decisão! Seja

firme! Lembre-se de que a sua doce Alexandra está em perigo com Valéria por perto!" – insinuava-se no pensamento dele o obsessor com a finalidade de acirrar a discussão.

Já em relação a Valéria a sugestão do espírito da discórdia era o oposto exatamente para conseguir seu objetivo: a desavença acentuada entre o casal.

"Isso, minha amiga! A mulher de hoje tem igualdade perante o homem! Não abra mão da sua decisão! Continue a comparecer "naquele lugar" onde servem ao Cordeiro. É um direito seu! Lute por ele, companheira!"

– Reparou que a sua ida até o atendimento fraterno só causou atrito entre a gente? – desviou a conversa Álvaro procurando criar consciência de culpa na esposa.

– Estou tentando entender por que tanta irritação com a minha presença naquele local de trabalho se o auxílio que prestamos a quem necessita se reverte em favor da gente, Álvaro!

– Mas cuidar da nossa filha também é cuidar do nosso próximo mais próximo, você não acha?

– Esse seu argumento não é válido. Nossa filha ficou feliz no meio de outras crianças. Você não percebeu isso porque nem se deu ao trabalho de ir vê-la no local onde estava.

– Não quero mais conversar sobre esse assunto, Valéria. Já me cansou – disse Álvaro se afastando da presença da esposa.

O obsessor exultava com as vibrações que a mágoa entre os dois provocava e tinha planos para aquela noite em que o casal se recolheria ao leito em desavença.

Na realidade, quando a noite chegou, Valéria se recolheu ao leito e não conseguiu fazer uma prece como nos demais dias quando tudo estava em harmonia no lar. Repetiu palavras que nasciam nos lábios sem serem originadas no coração. Esse tipo de prece não alcança o plano espiritual. Fica retida no ambiente onde é pronunciada.

Cipriano estava presente, mas as vibrações de tristeza pela discussão com o marido impediam a sintonia necessária com a mãe de Bruna no sentido de acalmá-la e intuí-la em suas decisões.

Até a menina sentiu o ambiente conturbado da casa apresentando dificuldade para conciliar o sono.

Valéria deitou-se na cama da filha para tranquilizá-la. Bruna, entretanto, virava-se de um lado para o outro no leito, mesmo com a presença da mãe.

– O que foi meu, amor? Não está com soninho, minha filha?

– Estou com medo, mamãe!

– Medo de quê, meu bem?

– Do lobo, mamãe!

– Mas a mamãe está aqui, filha! Ninguém vai fazer mal a você.

– Mas o papai não está. Ele tá bravo. Por quê?

– Problemas de gente adulta, minha filha. Não se preocupe com isso. Amanhã ele estará melhor. Você verá.

– Mas ele está dormindo na sala, mamãe! Ele não vai dormir com você, hoje?

De fato, Álvaro extremamente irritado com a discussão com a esposa, deitara-se no sofá da sala com o pretexto de assistir televisão até mais tarde. Essa atitude nunca acontecera antes que até a filha percebera a diferença. De uma pequena fagulha motivada pelo orgulho, instalara-se a discórdia entre o casal com a queda da vibração naquele lar, o que servia às intenções do obsessor.

– Logo mais ele sobe, Bruninha. Vai ficar perto de nós para nos proteger como sempre fez. Agora procura dormir e não se preocupe mais com nada.

A menina abraçou-se fortemente à mãe procurando abrigo e proteção.

– Vou fazer minha oração como ensinaram lá no centro, mamãe.

– Isso, minha filha! Faça mesmo. Peça por todos nós. Jesus vai ouvi-la!

– Senhor Jesus, abençoa essa casa, a mamãe, o papai e eu. Deixa meu anjo da guarda velar pelo meu sono. Amém.

– Que assim seja, minha filha! Agora durma que a mamãe está aqui com você.

Assim que a filha adormeceu, Valéria ajeitou o travesseiro e as cobertas da filha e desceu até a sala para ver se Álvaro ainda estava na televisão.

Constatou que ele adormecera e desligou o aparelho. Não quis acordá-lo para que dormisse na cama para não causar mais irritação do que já havia tido naquele dia.

Subiu, pegou uma coberta leve e estendeu sobre o marido. Depois voltou ao leito do casal aborrecida com aquela situação que pela primeira vez estabelecera uma discussão entre os dois. Não conseguia entender a reação de Álvaro ao vê-la no grupo de atendimento fraterno.

O sono estava difícil de chegar trazendo o necessário repouso ao corpo.

Virou-se várias vezes na cama a exemplo do que acontecera com a filha.

De repente, numa leve cochilada, teve um sonho estranho!

Estava só, à beira de um lago muito bonito banhado pela luz do sol onde cisnes desfilavam a sua beleza e flores silvestres contornavam a margem do mesmo. O firmamento era de um azul tão límpido que lembrava uma consciência em paz consigo mesma.

Naquele lugar de intensa calmaria procurava pela filha, mas não a encontrava. Bruna não estava naquele local.

"Onde estaria Bruna? Queria mostrar-lhe a beleza daquela pintura da Natureza!" – pensava no sonho.

Mas, por mais que buscasse pela filha, não a encontrava.

Entretanto, na medida em que ela afastava o olhar da região do lago para o lado oposto, uma floresta densa criava uma espécie de um muro muito alto que impedia o acesso àquele recanto de rara beleza. Era escura e os raios do sol mal conseguiam penetrá-la. Por mais que firmasse a vista em direção à floresta, Valéria não conseguia vislumbrar nada, nenhuma forma de vida, nenhuma planta com alguma forma de algo já conhecido. O terreno era coberto por uma espécie de musgo verde-escuro que a distância causava a impressão de ser bastante pegajoso aos pés de quem tentasse caminhar por ele. Não se ouvia nenhum ruído de pássaro. Nem a brisa se fazia presente naquele trecho denso, morno, escuro e que causava um temor indefinível. O azul-celeste da região do lago era substituído por uma atmosfera cor de chumbo que impedia a entrada de qualquer réstia de luz que ousasse levar alguma claridade até ali.

"Ainda bem que Bruninha não está por aqui. Ia ficar muito assustada!" – era o seu pensamento.

A parte do lago pleno de beleza e fartamente inundado pelos raios solares, o céu azul e os animais em bailado por sobre as águas tranquilas e as flores que enfeitavam as margens eram projeção mental de Cipriano para combater a imagem tétrica da floresta criada pelo obsessor para levar terror a Valéria em atrito com o marido.

A ideoplastia do mentor era um ponto de refúgio para Valéria.

O espírito voltado ao mal não conseguia perceber a construção positiva do benfeitor presente naquele sonho rápido da moça. Apenas enxergava a criação da floresta assustadora, fruto de sua projeção no sono da jovem.

Na verdade, queria conduzi-la para o emaranhado escuro e sombrio e desestabilizá-la emocionalmente e poder infiltrar-se em seus pensamentos alimentando uma discórdia crescente entre o marido e a esposa.

Para tal intento, mudara sua forma perispiritual para a figura de um lobo imenso, de pelos enormes, dentes à mostra, olhos injetados de sangue a salivar abundantemente. Era o fenômeno da licantropia em ação!

Atemorizando sua presa, baixaria suas defesas vibratórias conseguindo capturá-la pelo temor extremo e insinuar-se de maneira mais fácil em seus pensamentos dando prosseguimento aos seus planos.

Valéria sentiu medo e voltou rapidamente os olhos em direção ao lago que refletia como um fiel espelho a luz do sol e a beleza dos cisnes com o ondular das águas tranquilas.

Num relance pareceu ver a imagem da filha que estava perto de uma flor como se brincasse com algum brinquedo preferido.

Mas ao aproximar-se da menina para mostrar-lhe a beleza do lago, Bruna havia desaparecido.

Muito aflita voltou-se em direção à floresta densa e assustadora. Algo lhe dizia que a filha tinha se dirigido inesperadamente para aquele local assustador.

– Bruna! Bruna! – gritou extremamente aflita. – Onde você está filha?! Volta aqui para a mamãe!

Subitamente a menina apareceu surgindo do meio da floresta sinistra gritando:

– Mamãe! Mamãe! O lobo, mamãe!

Valéria acordou daquele momento de pesadelo com o coração batendo muito rápido e forte no peito e correu para o quarto da filha que estava sentada na cama, chorando e com os bracinhos estendidos:

– O lobo, mamãe! O lobo!

Cipriano tinha se valido mais uma vez da figura da menina que, em fuga do interior da floresta, servia para interromper a ação maléfica do espírito perseguidor contra Valéria.

Álvaro acordou com a voz da filha e dirigiu-se ao quarto da menina.

Valéria comentou:

– Álvaro, alguma coisa está acontecendo com a gente. Vou contar o sonho rápido que tive enquanto dei uma pequena cochilada pra você ver a coincidência de Bruninha ter acordado desse jeito. Precisamos do auxílio dos espíritos amigos.

Enquanto o pai sentava-se no leito da filha aconchegando-a contra o peito, a esposa narrou a ele o ocorrido naqueles poucos minutos antes de a menina acordar.

– É muita coincidência! Infelizmente não guardamos a consciência completa dos sonhos, mas alguma coisa está acontecendo de errado conosco.

– Vamos falar com o senhor Alfredo para ver o que ele acha.

– Não é melhor falarmos com o senhor Floriano que já nos conhece um pouco mais do grupo de atendimento fraterno?

– Pode ser. Se for necessário, o senhor Floriano falará com ele. Vamos com calma para não ficarmos sugestionados e mais expostos à influência espiritual negativa caso ela esteja acontecendo. Se demonstrarmos medo, aí a situação vai piorar mais.

A pacificação relativa do ambiente familiar desencadeou novas blasfêmias do obsessor frustrado nos planos daquela noite.

"Malditos servidores do Cordeiro! Se metem em todos os lugares! Estava quase conseguindo levar a esposa irritada com o marido para os meus domínios e eles se intrometeram de novo se utilizando da criança! Mas não desistirei! Continuarei com meus planos! Veremos quem irá vencer!"

E da mesma forma que das outras vezes Cipriano respondia ao ódio do agressor suplicando o amparo da Providência Divina para todos os envolvidos em mais aquele drama, fruto do ódio e do desejo de fazer justiça com as próprias mãos!

Capítulo 10

FLORIANO E ALFREDO

NA PRIMEIRA OPORTUNIDADE VALÉRIA dialogava com Floriano em quem confiava muito, e expunha o seu temor sobre o sonho que tivera com todo o cenário que ela descreveu com detalhes para ele, arrematando com a figura do lobo, que talvez significasse a perseguição de algum espírito contra a família.

Ele foi franco:

– Valéria, não quero entrar na intimidade de você e do seu marido. Contudo, para que eu possa ter uma ideia melhor sobre o que está me contando, preciso lhe fazer uma pergunta.

– Claro, senhor Floriano. À vontade.

– Pareceu-me que Álvaro não aprovou sua vinda ao grupo fraterno preocupado que estava com a filha que ficaria longe da mãe. Estarei enganado?

– Está certo. Ainda não entendi essa irritação de Álvaro por eu ter comparecido ao grupo de atendimento fraterno, mas ele não gostou mesmo.

– E isso gerou algum desentendimento entre vocês em casa?

– Sim. O senhor está certo.

– Então a harmonia do lar foi abalada, o que permite a atuação de alguma entidade desejosa de alimentar a discórdia entre as pessoas. Às vezes não são nem espíritos obsessores, mas entidades infelizes que se sentem bem em promover o sofrimento nos encarnados. Outras vezes, é claro, pode se tratar de entidades vinculadas por algum sentimento de desforra, de vingança, como bem sabemos. Decidir sem uma análise baseada em mais dados é difícil e temeroso para se fazer algum julgamento. Vou falar com Alfredo para que observe alguma comunicação que possa envolver alguém de vocês dois e que nos possa trazer mais esclarecimentos sobre o que está ocorrendo. Os espíritos costumam fornecer algum tipo de informação, alguma referência, que nos dê alguma pista do que possa estar envolvendo-os. Entretanto, uma coisa já fica decidida: procurar proteger vocês e o lar com o máximo de harmonia possível para que os espíritos amigos possam trabalhar em nosso favor. As rusgas entre um casal é um prato cheio para as entidades desejosas de levar desequilíbrios e desavenças para dentro de nossas casas. Quando atingimos a idade mais avançada e constatamos a brevidade da vida aqui na Terra, tomamos consciência da inutilidade e da nocividade das brigas por pequenos motivos! Aproveitem os alertas da doutrina espírita enquanto ainda são jovens para viver bem no sentido de não se permitirem abalar o relacionamento por pequenas coisas! E nem por motivos que consideremos maiores! Devemos encontrar no entendimento de que todos somos portadores de imperfeições e necessitamos do perdão alheio, o caminho para a reconciliação tão importante entre as pessoas.

– Eu agradeço sua ajuda, senhor Floriano.

– Tudo o que há para agradecer deve ser direcionado a Jesus e aos espíritos que em nome dele nos auxiliam muito, Valéria.

– Será que eu poderia pedir mais um favor, senhor Floriano?

– Claro que sim. Se estiver ao meu alcance a atenderei com prazer, minha filha.

– Seria possível eu conversar com o senhor Alfredo para ver se ele também poderia me ajudar dando alguma explicação para o sonho que contei para o senhor? É que estou muito preocupada e uma opinião dele somada com a sua poderia servir para me consolar um pouco mais e dar forças para que eu continue firme junto a minha família.

– O Alfredo é uma pessoa muito boa, Valéria. Creio que ouvirá você e a auxiliará no que puder. Quando cheguei no centro hoje pela manhã, ele estava por aqui também. Se dermos sorte de encontrá-lo, poderá conversar com ele daqui a pouco.

Floriano se ausentou por alguns minutos enquanto ela esperava na mesma sala onde havia conversado com ele.

Passados os minutos, eis que Floriano adentra o local acompanhado de Alfredo sorridente e dando um abraço de boas-vindas em Valéria.

– Que alegria, minha filha! Seja sempre bem-vinda ao nosso "Alvorada Nova". Em que posso ajudá-la? Floriano como sempre muito discreto não me adiantou nada. Apenas disse que precisava de uma palavra amiga e estamos aqui exatamente para isso. Abra seu coração, minha querida.

Floriano pediu licença para se retirar no que foi impedido por Valéria.

– Por favor, senhor Floriano! Pode ficar! É de casa como costumamos dizer – disse sorrindo.

– Agradeço a consideração Valéria, mas prefiro deixá-la a sós com nosso amigo para que abra seu coração, minha filha. Um abraço a vocês dois – disse acenando com uma das mãos, enquanto com a outra encostava a porta para dar mais privacidade à conversa entre ambos.

Valéria narrou o pesadelo a Alfredo da mesma forma como havia feito a Floriano, acrescentando o episódio da discussão com Álvaro e a bebedeira do marido após o desentendimento dias atrás.

– E estou preocupada, senhor Alfredo. Tenho a forte impressão de que existe algum espírito atormentando a nossa família. Sou capaz de arriscar que deseja a vingança por motivo que não sei.

– Valéria, façamos o seguinte. O nome de Álvaro, a pedido de Floriano, já está no grupo em que atendemos a espíritos sofredores no trabalho de desobsessão aqui em nossa abençoada casa de oração. Se acontecer de alguma manifestação indicar alguém de vocês, voltaremos a conversar. Entretanto, vamos aplicar o ditado popular que diz que canja e água fresca não fazem mal a ninguém. Ou seja, nos entreguemos à obra do bem! A luz é o melhor remédio contra as trevas e o bem que praticarmos representa luz para nosso espírito!

– E o senhor acredita que poderá o espírito que porventura esteja tentando nos prejudicar se manifestar em alguma das sessões mediúnicas de uma forma mais específica, mais clara? – perguntou ansiosa.

– Não posso e não gosto de falar em hipóteses. Quando tiver dados concretos sobre o assunto vocês saberão para que possam colaborar no que for necessário. Você sabe que na ocorrência do fenômeno obsessivo, é indispensável a participação dos envolvidos no presente como vítimas, mas que, no passado, podem ter sido os agressores. Gosto de deixar isso sempre muito claro.

– Entendo, senhor Alfredo. E sobre meu pesadelo, o senhor teria alguma ideia, alguma interpretação?

– Teria desde que considere sempre tudo no campo da hipótese. Não tenho bola de cristal e não nos é dado o direito de adivinhar o passado ou o futuro de ninguém como bem sabe, Valéria.

– Sim. Sim. No campo da hipótese, eu entendo. Mas qual seria?

– Em linhas gerais o lago tranquilo, as flores, as aves, o céu azul, a beleza do local representam o bem, a vida vivenciada corretamente em meu entender. Já a parte da floresta densa e assustadora são as imperfeições que carregamos e das quais precisamos nos livrar, minha filha. Deus e Jesus esperam que saiamos da floresta de erros para o lago e céu azul dos acertos. Ou seja, que caminhemos em direção à perfeição para a qual o Pai nos criou um dia.

Valéria silenciou por alguns segundos, o que gerou a pergunta de Alfredo:

– Está decepcionada com a minha explicação? Como falei, não tenho bola de cristal – disse afável.

– Não entendo a parte em que a minha filha saiu correndo da floresta e gritando por mim, senhor Alfredo.

– No meu entendimento, o mal trabalha em favor do bem. Se os espíritos que procuram agredir seus semelhantes encarnados entendessem essa realidade, que o mal lapida o que é agredido e o convida para uma mudança de vida para melhor, não praticariam as perseguições que realizam. Sua filha foi um chamado que saiu da floresta escura para despertá-la para a beleza do lago que é a beleza de se viver em equilíbrio, Valéria! Não fosse esse pesadelo e não estaríamos conversando sobre isso nesse momento. Veja então que, se algum espírito mal-intencionado interviu nesse pesadelo, ele gerou uma ação benéfica tanto para você quanto para ele também, caso queira se comunicar conosco dialogando sobre a vitória do amor sobre o ódio. Essa nossa conversa poderá abrir caminho para uma comunicação dele conosco, mesmo que ele venha para protestar, como ocorre na maioria das vezes. Muitos vêm, blasfemam, ameaçam, mas nessa casa espírita são abençoados pela misericórdia de Deus e convidados a uma mudança de vida.

– E aceitam, senhor Alfredo?

– De imediato, não. Mas como somos todos espíritos imortais, são convidados a retornar para prosseguirmos no diálogo em nome do amor. Como muitos estão cansados do sofrimento que recai sobre eles também quando fazem o mal, acabam por aceitar uma conversa amiga entre pessoas que só desejam que o bem triunfe para a felicidade de todos. O convite do amor foi iniciado por Jesus há mais de dois mil anos, minha filha! Também fazemos parte daqueles que resistiram ao convite por séculos ou milênios! No entanto, hoje aqui estamos a convidar nossos irmãos que ainda não conhecem a beleza do amor incondicional a participar conosco do banquete da paz que Jesus nos propôs! Da paz que traz como consequência a felicidade de podermos trabalhar na seara do Mestre!

As palavras impregnadas de amor de Alfredo criavam uma atmosfera de tranquilidade ao espírito de Valéria que ficaria a ouvi-lo por horas sem-fim.

Estava meditando naquelas verdades todas e distante do ambiente físico onde conversava com Alfredo quando foi despertada para a realidade pelas palavras dele:

– Valéria? Tudo bem? Espero ter atendido em parte ao seu pedido. A conversa está boa, mas tenho outros compromissos que me aguardam. Em outra ocasião voltaremos a essa nossa conversa, tenha a certeza, minha amiga.

– Ah! Me desculpe! Estava pensando no tempo que perdemos por não atender a Jesus muito antes!

– É a verdade de todos nós que peregrinamos nesse planeta de provas e expiações. A mesma pergunta que ele fez a Pedro – tu me amas? – é repetida a todos que dizem segui-lo. Pedro provou que sim ao dar a própria vida como testemunho extremo do seu amor, depois de passar toda uma vida servindo ao seu próximo em dificuldades. Se respondermos afirmativamente como fez o Apóstolo, qual a maneira de provarmos esse amor? Apenas frequentando um centro espírita, ouvindo uma palestra, lendo um livro, tomando um passe e bebendo a água energizada? E quando o mundo nos pede a demonstração desse amor por Jesus, como será que temos agido? Amamos o Mestre na intimidade do nosso lar procurando ser o elemento da concórdia? No trânsito, não revidando uma ofensa recebida? Em nosso ambiente de trabalho, sendo o fator do otimismo em meio a tantas notícias de tragédias? No centro espírita, não permitindo que o orgulho e a vaidade semeiem o desentendimento e a formação de grupos que se atritam? Para ele sempre é tempo de demonstrarmos que realmente o amamos porque ficará conosco até a consumação dos séculos como prometeu!

Abraçou a jovem bem mais tranquila e se despediu.

Capítulo 11

NOVO COMPARECIMENTO

– O QUE ESTOU fazendo nesse lugar outra vez? Será que não vão me deixar em paz?

Era o espírito de dias anteriores que se manifestava através da incorporação na médium Valquíria.

– Então já esteve aqui, meu amigo? – perguntou Alfredo.

– Não sou seu amigo. Sou seu inimigo porque vou justiçar seu protegido.

– Todos somos protegidos de Deus e de Jesus, meu irmão!

– Piorou a conversa porque não sou seu amigo e muito menos seu irmão. E outra coisa: não preciso da proteção do Cordeiro! Não gosto de gente que se faz de mansa para atacar e destruir.

– Poderíamos explicar melhor se nos fornecesse mais detalhes do que está dizendo. Jesus é verdadeiramente manso e o seu "ataque" é feito com a arma do amor.

O espírito gargalhou.

– Eu bem sei disso. Já provei da espada dos seus seguidores!

– Deve estar enganado, pois o amor não se vale da espada porque quem com a espada fere, com a espada será ferido, meu amigo.

– Aí concordo com você. Fui ferido pela espada e aqui estou para ferir com a espada da minha vingança, do meu ódio e da minha justiça!

– Mas quando e como aconteceu isso que você insiste em se dizer vítima? Para ajudá-lo, precisamos entender como tudo aconteceu.

– E querem me enganar que ajudarão minha vingança se souberem?

– Amar quem nos feriu é uma vingança muito grande!

– Você está caindo em contradição! Não disse que quem fere pela espada, pela espada será ferido? Pois então! Quem fere pelo ódio, pelo ódio será ferido e não por esse tal de amor do qual vocês insistem em falar.

– Retornamos ao ponto inicial da nossa conversa. Nos ajude esclarecendo como você foi vítima para podermos auxiliá-lo. Pense em quando e como isso ocorreu. Lembrando-se e nos revelando essas informações, poderemos compreendê-lo melhor e auxiliá-lo.

– Está mentindo! Me ajudar é o que não querem. Não preciso pensar para me lembrar. Tudo está presente na minha mente!

– Não estou mentindo. Existem muitas formas de ajudar. Através do amor é uma delas.

– Não estou acreditando em nada do que você está falando. Sei que está tentando armar uma armadilha! Conheço bem as táticas que usam, mas não tenho medo porque comigo não funcionará.

– Se tem tanta convicção da sua fortaleza, por que não conta quando foi agredido e o motivo dessa agressão?

– Entende alguma coisa de guerra? Já esteve numa batalha? Já foi vítima de uma situação dessas?

– Que eu me recorde, não. Como somos todos espíritos imortais andando pela estrada da evolução há milênios, pode até ser que isso tenha acontecido.

– O protegido de vocês estava lá com uma pesada espada nas mãos, em cima do belo cavalo que o transportava, protegido pelas roupas caras de guerra que possuía!

– Acredito em você, meu amigo. Se nos der mais informações conseguiremos ajudá-lo.

– Ora! Para com essa conversa! Já disse que não conseguirão me enganar!

– Então nos forneça mais detalhes de quando isso aconteceu a você e de quem o agrediu.

– O covarde que se escondia atrás de todos esses equipamentos de guerra tinha mais uma defesa ou que ele pensava ser alguma defesa.

– E qual seria essa defesa, essa arma ou esse equipamento, como preferir?

Gargalhou novamente antes de responder.

– Era na verdade um símbolo pelo qual hoje vocês trabalham tanto, se sacrificam tanto, falam tanto em amor e em amar!

– Continuo sem entender.

– Não quer entender! Mas já vai ouvir! E tenho a certeza de que não gostará nem um pouco!

– Pois então experimente, meu amigo.

– Em nome dessa "amizade" que você tanto repete eu vou dizer: era a cruz do Cordeiro pelo qual falam tanto em amor! Ouviu bem: a cruz do Cordeiro!

E gargalhou pela terceira vez!

– Jesus morreu na cruz que os homens lhe impuseram tão somente por muito amar! Jamais por cultivar o ódio! Você deve estar interpretando mal alguma lembrança ou alguma imagem.

– Consulte a história, homem de "muita fé", e verá as atrocidades cometidas em nome desse Jesus e dessa cruz!

– Você está se referindo às...

O espírito comunicante negou-se a continuar o diálogo e Cipriano intuiu a Alfredo que não insistisse mais, o que fez o coordenador do grupo encerrar a conversa daquela noite.

Através de outro médium, o mentor resolveu trazer informações que servissem para esclarecer o grupo ali reunido.

– Prezados irmãos aqui presentes, que saibamos sempre ser merecedores das bênçãos de nosso Pai celestial e de Jesus nosso Mestre. O espírito que habita ora um corpo e ora está na dimensão espiritual, vem peregrinando através dos séculos e milênios por diversos momentos diferentes da história. Para entendermos a revolta e o ódio a que nosso irmão desorientado se entrega com o objetivo de fazer justiça com as próprias mãos, é necessário recordarmos uma época triste da humanidade que foram as chamadas *Cruzadas*, nas quais os cristãos, a partir do século XI, depois do Concílio de Vermont convocado pelo papa Urbano II, montaram exércitos com o objetivo de libertar os lugares considerados santificados e tomados por povos de religião muçulmana que não deixam de ser nossos irmãos porque criados pelo Senhor da Vida.

"Por exemplo, os turcos otomanos de religião muçulmana haviam tomado o lugar onde fora construída uma Basílica no local do *Santo Sepulcro*, gerando revolta aos cristãos da época. Da mesma forma haviam tomado o local onde existia outra Basílica construída no *Horto das Oliveiras* que era considerada de igual maneira sagrada pelos cristãos. Também a Basílica da Natividade construída onde Jesus nasceu e a Basílica onde o anjo anunciou a nossa Mãe Santíssima, Maria de Nazaré, que ela conceberia um filho que seria o redentor da humanidade haviam caído nas mãos dos muçulmanos.

"Esse foi o motivo religioso das Cruzadas que duraram quase duzentos anos e levaram esse nome porque os exércitos cristãos tinham que cruzar toda a Europa para chegar até os locais considerados sagrados na Palestina. Foram oito no total os exércitos montados. O segundo deles por São Bernardo, doutor da Igreja católica. A sétima e a oitava Cruzadas se originaram sob as ordens do rei Luís IX considerado santo e que fundou nada mais, nada menos, que a Universidade de Sorbonne em Paris e acabou perecendo na última dessas Cruzadas, na oitava tentativa de derrotar os turcos otomanos.

"Para motivar os cristãos a participarem dessas guerras, era prometido o perdão de todos os pecados. Além disso, as Cruzadas tiveram também objetivos de conquistar mais terras pelos poderosos da época bem como incentivar o comércio para além das fronteiras da Europa, objetivo esse que foi realmente conquistado caracterizando os interesses materialistas dos homens. Outro objetivo dessas lutas armadas era o de unificar a Igreja Católica romana e a Igreja ortodoxa, que tem livros diferentes e não aceita o culto a imagens. Esses exércitos custavam um dinheiro muito alto porque tinham que cruzar toda a Europa para atingir os locais onde os muçulmanos estabeleciam suas conquistas invadindo terras consideradas santas.

"Os soldados dos exércitos cristãos tinham a cruz representada em seus escudos, bandeiras e em suas roupas de guerra para diferenciá-los do povo inimigo, o que origina a alegação desse nosso irmão que se comunicou pela segunda vez em nossa casa espírita, profundamente necessitado do amor que poderá socorrê-lo em seu desequilíbrio originado no ódio que o acompanha. Deve ter participado dessas batalhas em que o ser humano chega ao extremo de tirar a vida do seu semelhante em nome daquele que deu a sua própria existência por ensinar e viver o amor incondicional! São informações que podemos adiantar ao grupo para que continuemos a auxiliar esse nosso irmão há séculos mergulhado no ódio que lhe enseja o sentimento de vingança. Sabemos que o agressor de hoje foi o ofendido do passado a fazer jus a todo o nosso respeito e nosso amor para que possamos reconduzi-lo à paz de nosso Senhor Jesus! Que possamos ser os instrumentos dessa paz, meus queridos irmãos!"

Após o término dos trabalhos, o grupo se reuniu novamente para analisar as comunicações com o objetivo de estudos, principalmente após os ensinamentos obtidos do mentor naquela noite.

– É impressionante, Alfredo, que o ódio possa ser cultivado por tantos séculos assim! O obsessor, pelos ensinamentos do mentor, sente-se agredido desde a Idade Média! Na época das Cruzadas! – comentou um dos componentes do grupo.

– O que vem ao encontro das recomendações de Jesus para que nos reconciliemos com nossos inimigos enquanto em trânsito com ele. Dessa maneira evitamos que o ressentimento seja transportado para a dimensão espiritual da vida e dê início a um processo obsessivo de longo curso, como estamos tendo mais uma prova em nosso grupo de socorro aos espíritos em sofrimento.

– É de estarrecer! Imaginem se alguém que não tem as provas de que dispomos por meio das bênçãos da doutrina espírita, ouvindo aquele que se sente agredido há centenas de anos e que busca vingança, irá acreditar nessa realidade? Vão preferir dizer, como já o fazem, que nós, espíritas, não regulamos bem da cabeça – completou o mesmo integrante do grupo que iniciara os primeiros comentários.

– Gostaria de saber se dessa vez, Valquíria, deu para você perceber alguma cena enquanto o nosso irmão em sofrimento descrevia a ocasião em que sofreu as agressões e que agora sabemos ser na época das Cruzadas.

– Vi cenas entrecortadas de homens em batalha, Alfredo. Portavam em uma das mãos armas enormes e uma espécie de escudo também de grandes proporções. Muitos gritos. Seres humanos que se engalfinhavam em luta ferrenha. Alguns sobre animais que deveriam ser cavalos. Outros a pé, mesmo.

– E o sinal da cruz? Você chegou a ver o símbolo do sacrifício de Jesus estampado em algum lugar?

– Como disse, Alfredo, as imagens eram entrecortadas, muito rápidas. Me parece que naquilo que transportavam em uma das mãos e que parecia um escudo, tinha sim uma cruz bem grande desenhada. Mas como disse, a visão não era nada nítida.

– É, amigos! Estamos diante de um caso de obsessão pelo que tudo indica que teve início nas Cruzadas nas quais cristãos sustentaram uma guerra fraticida por quase dois séculos contra o povo turco otomano de religião muçulmana. Imaginem quantas vidas foram tiradas em nome daquele que deu a sua própria vida em nosso favor! Aquele que foi a personificação do amor sendo motivação para o ódio e guerras lamentáveis!

– Resta-nos descobrir quem é a vítima na atual existência desse ódio que foi capaz de atravessar séculos em busca de fazer justiça com as próprias mãos – observou Valquíria.

– Creio que o infeliz irmão, que também está mergulhado em intenso sofrimento após tanto tempo, acabará por dar alguma informação em comunicações futuras para auxiliar-nos a identificar o seu perseguido, facilitando nosso trabalho de socorro a ambos. O plano espiritual cuidará para que saibamos de mais detalhes. A nossa parte é persistir na obra de amor de Jesus confiando na proteção do Alto.

Capítulo 12

SAMIA E OSMAN

Alexandra se acomodou no leito para mais uma noite de repouso. Sentia-se estranha, inquieta, como se alguma lembrança inexplicável tentasse vir à tona em sua mente. Ajeitou-se na cama. O sono demorava. Levantou-se e foi até a janela do quarto e fitou as estrelas.

"De que tempo serão elas se a luz leva milhares de anos para chegar até a Terra? Quantos testemunhos não terão visto no desfilar do homem sobre a face do planeta?" – meditava ela.

Retornou ao leito acompanhada da mesma sensação estranha que não conseguia explicar. Mudou a posição em que estava na cama e pela janela aberta em virtude do calor daquela noite de verão, tornou a contemplar as estrelas distantes. Minutos depois mergulhou em um estado de estranho torpor.

– Samia! Samia! – uma voz de homem muito forte pronunciava esse nome desconhecido.

Alexandra estava paralisada no leito como se uma força poderosa, mas que não conseguia compreender, a prendesse com mãos fortes.

– Samia! Sou eu! Osman!

No estado de semiconsciência em que mergulhara, a moça estava totalmente confusa. O corpo não se movia, mas a mente raciocinava rapidamente e respondia com agilidade.

– Sou Alexandra! Não conheço nenhuma Samia e muito menos Osman!

– Ah! Samia! Nos conhecemos há tanto tempo! Vou ajudá-la a recordar dos velhos e distantes tempos. Venha comigo, Samia.

– Não sou...

Não conseguiu completar a frase. Sentiu-se como aspirada do corpo material. Diante dela estava a figura de um homem alto e muito forte, de barbas negras e longas assim como os cabelos enrolados à maneira de um coque. Uma roupa de couro rústico retirado de algum animal revestia-lhe a nudez. Os pés portavam uma espécie de sandália com tiras que subiam pelas pernas e terminavam num forte nó à altura do joelho. Os braços eram longos e musculosos e os pelos do corpo todo se distribuíam de forma abundante.

– Sou Osman. E garanto que nos conhecemos desde há muito! – disse em tom ríspido e com traços fisionômicos carregados a estranha figura que Alexandra tinha diante dos olhos.

Alexandra se debatia entre aquele estado que não conseguia definir se era um sonho ou um estado de consciência alterado.

– Venha, Samia! – disse a figura impositivamente estendendo-lhe mãos vigorosas.

Alexandra tentou reagir mais uma vez contra aquilo tudo que mais parecia uma alucinação.

– Não sou Samia! – balbuciou fracamente.

Depois se sentiu como se fosse transportada no meio de um forte e irresistível vendaval. Tudo passava rapidamente! Muito rapidamente!

Até que ela se viu diante de uma grande aldeia de povos estranhos e a tal ponto perdeu a noção de si mesma que também ela fazia parte daquele povo desconhecido até então.

– Foi aqui que vivemos, Samia. Você era minha mulher. Mulher de Osman, o chefe desse povo. Vivíamos felizes entre nosso povo até que os invasores se fizeram presentes no horizonte forçando-nos à guerra. Eram eles! Os servidores covardes do Cordeiro com seus imensos exércitos. Traziam a cruz do chefe deles em suas roupas, seus escudos, em seus estandartes. E em nome do amor que vivem a pregar, tiraram a vida de muitos dos nossos! Por isso eu os odeio! Por isso Osman vai se vingar! Não fui vencido quando a espada do traidor me atravessou o corpo! Continuei vivo! Continuo vivo! Busco a justiça com as minhas mãos! Justiça para mim e para aqueles que tombaram comigo!

Parou um instante como se contemplasse um campo de batalha repleto de mortos, cerrou os punhos e esmurrou uma mão com a outra.

– Vou me vingar porque o servidor covarde do Cordeiro não só matou meu povo, mas tirou Samia de mim! Samia e Ayla! Nossa filha!

Olhou para Alexandra mergulhada na atmosfera daquela época recuada pela indução do espírito, acabando por se sentir como um deles naquele tempo distante.

– Se lembra do assassino que a levou de Osman, Samia?

Ela chorava. Tinha muito medo de encarar o seu senhor.

– Eu não queria ir. Ele me levou à força, Osman! Você sabe que isso é verdade!

O guerreiro de olhos injetados de sangue urrou como um urso pronto a atacar.

– No começo sim! Mas e depois, Samia? Por que não voltou para seu povo quando os assassinos foram derrotados pelos que sobreviveram da nossa gente? Por quê, Samia?!

Segurou-a pelos braços como se quisesse arrancar uma confissão de forma violenta.

– Diga-me agora, me responda hoje, por que não voltou para nosso povo Samia e trouxe minha menina Ayla?!

Alexandra realizou um retorno rápido ao corpo. Mais rápido do que tinha sido o seu deslocamento até o local estranho ao lado da figura desconhecida.

Cipriano aplicava passes tranquilizantes no corpo de Alexandra que arfava pela violência dos momentos vividos naquela espécie de projeção a tempos idos e longínquos.

Aos poucos a moça foi se tranquilizando. As estrelas continuavam a cintilar no firmamento. Uma leve brisa entrava pela janela do quarto balsamizando o corpo inundado pelo suor de Alexandra.

Ela se levantou cansada no dia seguinte. Apesar do socorro de Cipriano, as fortes impressões daquele homem à sua frente, o estranho lugar e o povo que o habitava, a troca do seu nome por um nome estranho que ela não conseguia sequer se lembrar, o deslocamento no tempo e no espaço como se fosse apanhada por um forte vendaval, deixara um mal-estar geral em seu organismo.

Ligou para Álvaro que estava trabalhando.

– Álvaro? Não estou bem hoje. Tive pesadelos estranhos e confusos que me deixaram sensações horríveis.

– Não vai me dizer que sonhou com o lobo mau da minha filha, Alexandra – brincou para descontrair.

– Olha que não era um lobo, mas uma criatura peluda como se fosse esse animal. Era um homem de tempos remotos que não sei precisar.

– Sim. Mas o que ele fez ou falou para você que a deixou mal como está se sentindo?

– Então. Não consigo me lembrar! Sei que me chamava por um nome estranho que não era o meu. O dele também nunca ouvi ou vi essa figura diante de mim! Um homem do passado distante! O local para onde me levou também era muito confuso. Não consigo entender nada do que experimentei, vi ou ouvi! Uma confusão total!

– Olha! Vê se localiza o senhor Floriano e conversa com ele. Troca uma ideia. Se ele julgar conveniente, pedirá uma opinião do companheiro Alfredo lá do centro. Não sei o que está acontecendo, mas é um tal de sonhar aqui e ali que acho que Valéria tem razão. Deve estar acontecendo uma interferência estranha vitimando nosso grupo. Só não sei onde você se encaixa no caso de Bruna, Valéria e eu.

– Por mais estranho que possa parecer, a figura desse homem que mais parecia um lobo de tanto pelo que cobria seu corpo, me recordava alguém perdido em tempos imemoriais! Aí que a confusão aumenta mais. Quando um sonho não tem sentido, a gente descarta logo, mas quando ele parece trazer algum fundamento de verdade, por menor que seja, fica difícil de entender as coisas.

– Mais um motivo para buscar ajuda lá no "Alvorada Nova", minha amiga. Não posso ir com você agora porque estou no trabalho, mas pode contar comigo para o que for preciso.

– Obrigada, Álvaro. Vou procurar diretamente o senhor Alfredo que é do grupo que está mais próximo dos espíritos e suas manifestações nos trabalhos mediúnicos.

Despediram-se e Alexandra dirigiu-se para a casa espírita onde o trabalhador dedicado passava muitas horas coordenando várias atividades. A chance de encontrá-lo seria bem grande como realmente aconteceu.

Após ouvir a narrativa da jovem, prometeu que incluiria o nome dela no grupo de atendimento aos espíritos sofredores.

– Caso haja algum envolvimento de alguma entidade nesses acontecimentos, ela terá a oportunidade de se manifestar trazida pelos espíritos amigos. Só não posso prometer nada nesse sentido, Alexandra.

– Entendo, senhor Alfredo, e agradeço o seu auxílio como

também a ajuda da Espiritualidade amiga. Só o procurei porque realmente essa noite que passou deixou impressões muito negativas em minha pessoa. Não quero abusar dos espíritos amigos, nem dos companheiros médiuns, mas estou desestabilizada emocionalmente com o acontecido que narrei ao senhor.

Despediram-se e naquela noite o nome dela foi colocado no grupo de consultas dando oportunidade de que algum espírito se manifestasse de alguma maneira.

A reunião foi precedida pela leitura e comentário de uma página que naquela noite abordou o tema "A vingança" do capítulo XII do Evangelho.

> A vingança é o último vestígio abandonado pelos costumes bárbaros, que tendem a se apagar do meio dos homens. Ela é, como o duelo, um dos últimos vestígios desses costumes selvagens sob os quais se debatia a Humanidade no início da era cristã. Por isso, a vingança é um indício certo do estado atrasado dos homens que a ela se entregam, e dos espíritos que podem ainda inspirá-la. Portanto, meus amigos, esse sentimento não deve jamais fazer vibrar o coração de quem se diga e se afirme espírita. Vingar-se, vós o sabeis, é de tal modo contrário a esta prescrição do Cristo: "Perdoai aos vossos inimigos", que aquele que se recusa a perdoar, não somente não é espírita, como não é nem mesmo cristão.

A página pareceu ter incomodado uma das entidades presentes que se manifestou rapidamente por Valquíria mais uma vez.

– Intrometidos! Não bastava tentar proteger o amigo de vocês e agora querem mexer com a minha Samia?! O que pensam que são? O que pensam que podem? São covardes servidores do Cordeiro!

– Pedimos calma e respeito a todos, meu amigo! Da mesma forma como o respeitamos também.

– Não se cansa de repetir essa palavra "amigo"?! Pois eu já me cansei de ouvi-la. Se insistir nessa hipocrisia, irei embora!

– Não estamos sendo hipócritas. Aqui e em qualquer lugar nos consideramos como amigos e como irmãos porque fomos criados por Deus, nosso Pai.

– Isso é com vocês! Comigo a história é outra! E sabem muito bem qual é! Vou me vingar de todos os que me infelicitaram no passado! Leram essa página para me irritar?! Pois perderam tempo. Não sou cristão e muito menos espírita! Pelo contrário. Respeito a Maomé!

Estava ali a condição que precisava ser trabalhada por Alfredo e ele logo compreendeu a excelente oportunidade.

– Pois se considere bem-vindo, meu irmão, que aceita o profeta Maomé. Nós também o respeitamos porque ele procurou sempre ensinar coisas boas aos homens.

– Se está querendo me irritar ainda mais, perde seu tempo! Eu já estou completamente farto de vocês servidores do Cordeiro!

– Longe de nós tal intenção, meu irmão. Respeitamos verdadeiramente todas as religiões porque Deus proporcionou aos homens o direito de livre escolha. Por isso renovamos nosso convite para que esteja em paz conosco na noite de hoje.

– Se querem paz, deixem Samia por minha conta! Se tentarem se envolver com ela, terão de se haver comigo! Já estou cansado de vir nesse local e de ouvir essa conversinha de pessoas falsamente boas!

– Você não está enganado quando diz que não somos bons. Bom só Deus o é. Nosso Criador que a todos proporcionou a oportunidade de estarmos mergulhados na vida para sempre. Somos espíritos com muitas imperfeições, mas em busca de corrigi-las para nos tornarmos dignos do Pai Celestial.

– Chega! Não quero mais ouvir nada de você!

– Então por que não fala a que veio, meu irmão?

– Está procurando um meio de me fazer cair numa arma-dilha, espertinho? Pensa que tenho medo? Pois está enganado! Vim porque estão querendo se intrometer na vida de Samia! E ela é minha! Minha!

– Não existe armadilha alguma, meu irmão. Apenas não po-demos ajudá-lo sem as informações de que precisamos. O que conseguimos entender até agora é que você ama Samia. Mas e você, quem é? Foi sua esposa? Irmã? Algum parente próximo?

– Para provar que não temo você e nem a ninguém aqui pre-sente vou dizer meu nome. Sou Osman. Samia era meu tesouro noutros tempos. O protegido de vocês a tirou de mim. Mas não tirou só Samia. Levou também Ayla, minha filhinha de apenas cinco anos de idade! Por isso estou aqui para cobrar caro por isso a esse assassino e traidor!

Cipriano presente à reunião intuía a Alfredo.

– Pelos nomes que você se utiliza, isso faz muito tempo, meu amigo. Talvez séculos! Ainda assim continua a querer mal, a odiar esse a quem chama de "nosso protegido"?

– Muito! E estou aqui para vingar-me!

– E Samia também está entre nós?

– Sim! Bela como sempre! E o traidor está tentando mais uma vez conquistá-la! Mas antes que consiga, eu o matarei! Não rou-bará Samia de mim outra vez!

– Pode nos dizer alguma coisa de Ayla, aquela que foi a sua filha e que seu inimigo também levou com ele?

– É esperto, servidor do Cordeiro! Mas Osman é muito mais! Está querendo mais informações para preparar melhor sua ar-madilha, como sempre fazem àqueles que resolvem tomar a jus-tiça com as próprias mãos?

– Não trabalhamos com armadilhas, meu irmão. Trabalhamos em nome do amor de Jesus que propõe nos amemos uns aos outros.

– Oh! Como isso é lindo nos lábios! Mas como é mentira na prática!

– Se isso se passou há tanto tempo, não pensa em perdoar, em reconciliar-se com ele?

– Claro que sim! Quando ele estiver deste lado me entenderei com ele. Vive se escondendo, fugindo da minha justiça! Mas eu o pegarei! Usarei todos que for preciso, mas dessa vez não me escapará.

–"Todos", meu amigo? Então você tem mais inimigos que persegue nessa vida?

Gargalhou e respondeu:

– Você se acha tão esperto e não sabe que podemos atingir o alvo alcançando os que estão em volta dele?

– Entendo. Vai usar de inocentes para atingir a quem odeia. Isso parece justo a você? Ferir a quem não te fez nada para atingir seu inimigo?

– Depois de tanto tempo que venho perseguindo esse infeliz, tudo é válido! E ele vai pagar muito caro pelo que está me obrigando a fazer! Ferir pessoas que amo só para conseguir capturá-lo!

– Mas está em tempo de que não seja assim, meu irmão. Jesus nunca fez o mal a ninguém. Só amou a todos indistintamente e quando ferido perdoou a todos!

– Já disse que não sirvo ao Cordeiro! Se ele quis morrer na cruz sem reagir, o problema foi dele e não meu. Quero atravessar a quem odeio com a espada do meu ódio da mesma forma como fez comigo por duas vezes seguidas me roubando a quem amava! Vai pagar! Podem protegê-lo! Não conseguirão! Vou pegá-lo mais cedo ou mais tarde.

– E nem um pedido de Samia mudaria essa sua decisão? Talvez junto com um apelo de Ayla!

O espírito até então seguro de suas decisões teve um momento de vacilo que não passou despercebido a Alfredo, sempre intuído por Cipriano, que insistiu:

– E se Samia pedisse a você que interrompesse essa cadeia de ódio que traz tanto sofrimento a todos os envolvidos, a escutaria? Ou se a sua filha pedisse?

O espírito inteligente respondeu com outra pergunta:

– Por acaso você sabe onde está Samia e Ayla? – e gargalhou novamente.

– Sabe que não. Mas você poderia nos contar para que falássemos com elas. Tenho certeza de que iriam pedir a você para que parasse o ódio que só traz infelicidade a todos os envolvidos.

– Chega! Pensa que me engana? Se é tão esperto, descubra você. Vou dar uma ajuda: ela está bem próxima de vocês. É só o que vou dizer antes de ir embora desse lugar insuportável.

E desligou-se da médium sobre a aquiescência de Cipriano.

Como das outras vezes, o grupo se reuniu após o término dos trabalhos e o assunto que dominou em termos de aprendizado foi a comunicação do espírito que se manifestou utilizando o nome de "Osman".

– As coisas estão ficando mais confusas cada vez que esse irmão nosso se comunica. Não entendi quase nada na noite de hoje com os nomes por ele mencionados: Samia e Osman! – comentou Valquíria.

– Pois eu já penso o contrário – colocou Alfredo. – Creio que estamos acrescentando a cada manifestação dele uma pedra no quebra-cabeça que nos tem se apresentado nesses acontecimentos. Sinto que estamos cada dia mais próximos de elucidarmos esse caso para poder auxiliar a todos os envolvidos!

Alfredo mantinha a discrição sobre a conversa com Alexandra, mas tinha uma forte intuição de que ela estava envolvida naquela trama. Por isso mesmo, procuraria por ela no dia imediato àquela comunicação.

Cipriano apoiava através da intuição o raciocínio de Alfredo.

Capítulo 13

A CONVERSA

DESSA VEZ FOI ALFREDO quem procurou Alexandra interessado não somente em dar uma notícia a ela, como também procurar encaixar mais uma peça no quebra-cabeça que o espírito obsessor vinha apresentando nas suas comunicações.

A jovem o atendeu ansiosa.

– Olá, senhor Alfredo! Alguma novidade já que a "montanha veio até Maomé"?

– Vamos conversar e até pode haver alguma novidade, minha amiga. Como sabemos, os sonhos vividos na dimensão espiritual não nos deixam recordações muito nítidas porque o espírito ao retornar ao seu veículo físico fica sujeito às limitações da matéria. Podemos considerar que os desdobramentos em nossa faixa evolutiva também não. Só os espíritos mais evoluídos mantêm consciência da sua permanência em determinadas ocasiões na dimensão espiritual da vida. Não foi assim que aconteceu com você?

– Sim. Sim. Tudo muito confuso. Nebuloso. Parece que a gente ouve palavras que não consegue entender. Vê coisas que não consegue decifrar. É realmente difícil de afirmar com convicção o que se presencia na outra dimensão, senhor Alfredo.

– Tudo isso é muito normal. Enquanto estamos no corpo somos influenciados pela realidade do mundo material. Mas vamos fazer o seguinte: vou dizer alguns nomes e veja se algum deles lembra você de alguma coisa.

– Está bem. Sou toda ouvidos.

– Andei pesquisando alguns nomes turcos otomanos. Vou apresentar uma lista com alguns deles. Os primeiros são nomes femininos para ver se lembram a você de algum detalhe do seu sonho ou desdobramento, falando mais especificamente na linguagem espírita: Ayla, Samia, Beyza, Damla, Dilan, Damia, Kerine, Nadire, Sanem, Sila. Olhe com calma. Não há pressa.

– Só não estou entendendo o motivo disso, senhor Alfredo.

– Confie em mim, Alexandra. Depois explico com mais detalhes e irá entender. Se identificar algum deles, teremos uma peça importante para decifrar muita coisa que vem acontecendo.

A jovem olhou paciente e demoradamente a lista. Repetiu nome por nome soletrando lentamente para ver se alguma lembrança lhe vinha à mente.

Angustiada respondeu:

– Meu Deus! Não consigo ligar nenhum deles ao pesadelo que tive.

– Façamos o seguinte: vou apresentar a você uma lista com nomes turcos otomanos masculinos. Quem sabe não se lembrará de alguma coisa? Eis aí: Aslan, Osman, Zeki, Tabor, Hilal, Abdul, Ghazi, Çelebi, Fatih, Sari. Leia com calma.

Alexandra percorreu a lista, mas nada lhe vinha à memória.

– Sinto muito, senhor Alfredo. Não consigo ajudar em nada.

– Não é culpa sua, minha filha. Tenhamos paciência.

Entretanto, ao se despedir dela, Alfredo usou de uma estratégia. Não a chamou de Alexandra. Trocou propositalmente o nome.

– Até breve, Samia!!

– Samia?!

Alexandra parou alguns segundos e disparou:

– Senhor Alfredo! "Samia"! Sim! Lembro-me! Alguém me chamou assim: "Samia"!

Alfredo voltou rápido, abraçou a jovem alegremente.

– Ah! Que ótimo, minha amiga! "Samia"! Sim. Era a esse nome que o obsessor se referia!

– Bem! Conte-me alguma coisa ou morrerei de curiosidade! Já que acertei o nome, mereço o prêmio da notícia, não mereço?

E Alfredo foi narrando devagar os acontecimentos da noite anterior a Alexandra.

– Dessa forma, minha amiga, é bem possível que você tenha alguma ligação com esse nome e com a personagem que o usou em tempos remotos. Como nosso infeliz irmão fala em fazer justiça de sofrimentos que experimentou em época muito antiga, creio que levantamos o fio da meada que nos irá conduzir com muito cuidado ao centro do problema, quando, então, poderemos ajudar a todos os envolvidos.

Finalmente Alfredo se despediu e foi raciocinando nos dados conseguidos para o esclarecimento do caso.

Alexandra de tão alegre ligou para Álvaro contando o acontecido.

Minutos depois ele estava na casa dela para sua surpresa.

– Álvaro?! O que está fazendo aqui? Enlouqueceu? E seu trabalho?

– Pedi ao meu chefe para sair um pouco em busca de uma medicação que precisava, "Samia"!

– Mas isso é mentir!

– Por você cometo tal pecado e muito mais!

– Álvaro...

Não conseguiu prosseguir porque o rapaz a envolveu nos braços dizendo:

– Eu sou o homem daquele seu sonho, Alexandra! Só pode ser eu pelo sentimento que me inspira! – e beijou-a nos lábios intensamente.

O obsessor presente gargalhava e comentava para seus comandados:

– O servidor do Cordeiro achou que levava muita vantagem ao vir mexer com a minha Samia?! Eis aí o resultado! O maldito beijou-a desesperado! Avançou um pouco mais nos meus planos. Volte mais vezes, "irmão" Alfredo! Conte mais coisas para esses dois! Assim irá me ajudar novamente! – disse em alto tom impregnado de ódio e sarcasmo.

Alexandra empurrou Álvaro extremamente desconcertada.

– O que deu em você? Mente para vir a minha casa na ausência dos meus pais! Trai a confiança deles! Me beija à traição! O que está acontecendo com você, Álvaro?! Creio que devia pedir auxílio ao senhor Alfredo! Deve estar com algum obsessor em seu encalço também!

– Não nego que venho há muito tempo desejando por esse beijo, Alexandra. Não me arrependo. E se não me engano, minha atitude não lhe foi indiferente. Confesse.

– Por favor, Álvaro, se deseja continuar como meu amigo, volte ao seu trabalho.

– Volto agora para atender ao seu pedido, mas o meu desejo era de continuar aqui cobrindo-a de mais beijos!

– Por favor! – disse ela abrindo a porta que dava acesso à rua.

Álvaro se foi. Alexandra passou as pontas dos dedos nos lábios e ficou meditando o que estava acontecendo entre eles. Realmente o beijo não lhe tinha sido indiferente.

"Meu Deus! O que haverá entre mim e ele? Somos espíritas! Álvaro é casado. Tem a Bruninha. Mas uma força estranha existe entre nós que não sei explicar e nem por que motivo existe! Tenho lutado muito para que não perceba isso, o que poderia agravar a situação entre nós dois!"

O obsessor ainda presente no ambiente se enfureceu.

– Traindo Osman outra vez, Samia?! Séculos se passaram, mas Osman voltou para acertar as contas com todos! Só estou me contendo por causa de Ayla, que ainda é pequena, mas se for preciso prosseguirei usando-a para atingir a todos os infiéis de outrora! Ela é a única inocente em tudo o que me fizeram no passado! Mas se a minha vingança necessitar do sofrimento de Ayla, assim será! Por Alá eu juro!

Sem saber o que se passava entre Alexandra e Álvaro e muito menos com o ódio do obsessor, Alfredo procurou por Floriano. Os dois tinham muitos afazeres junto ao Centro Espírita Alvorada Nova, o que permitia um encontro de maneira fácil entre eles.

– Floriano, meu amigo! Creio que estamos fazendo progresso com o caso de obsessão mais recente que temos procurado elucidar para podermos auxiliar os envolvidos. Estou comentando isso com você em particular porque está em contato frequente junto a uma das nossas irmãs. Trata-se de Alexandra, do grupo de atendimento fraterno.

– Dela não sabia, Alfredo. Só de Álvaro que pedi a inclusão do nome dele nas reuniões mediúnicas que você coordena.

– Sei disso, meu amigo. Ela veio falar direto comigo. E foi só incluir o nome dela que o obsessor, que já havia dado outras comunicações, se manifestou de pronto. Julgo que estamos perto de elucidar muita coisa. E te digo mais: acredito que existe uma ligação dos acontecimentos que estão ocorrendo com esses nossos dois amigos.

À menção desse fato, Floriano lembrou-se do dia em que procurou advertir Álvaro da sua conduta junto à jovem Alexandra. Julgou por bem fornecer esse dado a Alfredo para auxiliar no raciocínio dele a partir daquele momento em diante.

– Sabemos que a doutrina nos orienta, Floriano, mas não interfere em nosso livre-arbítrio. É possível, sim, que o rapaz esteja se sentindo atraído por essa jovem. Não será o primeiro e nem o último caso em um centro espírita, infelizmente. Aqui estamos como doentes da alma para recebermos as devidas orientações e medicações, mas o sexo é uma força gigantesca ainda em nosso estágio pequeno de evolução. Ainda mais se tiver o empurrão de espíritos desejosos em nossa queda. É uma das armas preferidas deles pela eficácia que representa. Essa informação que você me passa agora reforça que o espírito obsessor pode estar tentando envolver esses dois companheiros por motivos que não conhecemos, meu amigo. Inclusive tem um personagem a quem ele faz referência sempre com muito ódio. Só que menciona uma agressão que recebeu há muito tempo. Eu diria que há séculos! Sabemos que o ódio pode perdurar por muito tempo. Não é novidade para os espíritas que ouvem esses relatos. Só que preciso de mais dados para encaixar o nosso companheiro Álvaro nessa história toda. Acredito que nosso irmão espiritual enfermo, vitimado pelo ódio, não demorará a retornar ao grupo em nova comunicação. Ficarei mais atento ainda com esse dado que você acaba de me passar, Floriano.

Enquanto isso o obsessor também não "dormia no ponto". Enfurecido com a reação da sua Samia, procurou Álvaro no local de trabalho para onde ele se dirigira após o beijo romântico que dera em Alexandra.

Se coubesse mais ódio do que já experimentava pelo rapaz, esse sentimento estaria mais aumentado ainda.

Encontrou-o em devaneio entusiasmado pela reação da mulher que beijara.

E o "professor" do mal comentou com os aprendizes que o acompanhavam na perseguição infeliz.

– Está se achando um vencedor, não é, meu "amigo"? Mas você vai ver onde essa sua aparente vitória vai levá-lo! Tenho vontade de esmagá-lo com minhas próprias mãos ou cortá-lo ao meio com minha espada!

Essas vibrações altamente impregnadas de energias negativas repercutiram no organismo de Álvaro que se levantou bruscamente da sua cadeira. Soltou o nó da gravata pela sensação de aperto que estava sentindo. Esfregou o tórax como se procurasse aliviar-se de alguma coisa. Luiz percebeu a atitude do colega e comentou:

– Que foi, Álvaro? Não diga para gente que vai ter outro troço igual ao daquele dia, não é, amigo? Está pálido, cara! Quer um copo com água antes que despenque outra vez e preocupe tanta gente como já aconteceu?

– Não. Não. Está tudo bem. Obrigado. Já vai passar.

O obsessor agora se dirigia para os companheiros de trabalho do pai de Bruna insuflando-os à maledicência ao mesmo tempo em que massageavam o orgulho do rapaz.

– Ei, Álvaro! Aqui entre nós! Quem era aquela moça linda que veio aqui toda preocupada com você, cara? Conta pra nós! Aí tem, não é, companheiro? Não se preocupe! Não vamos falar nada pra ninguém! Confia em nós, cara! – disse um dos influenciados pelo obsessor.

Álvaro sorriu com o ego satisfeito. Realmente Alexandra não era mulher para passar despercebida por homem nenhum. E ele sentia que ela estava mais próxima ainda.

"O beijo! Não foi indiferente aos meus lábios! Eu sei que não! Ah! Alexandra! Você me tira totalmente da razão! Não tenho conseguido evitar o que sinto mesmo com os conhecimentos espíritas. Será que nos conhecemos em vidas anteriores? Será que já fomos marido e mulher e por isso esse sentimento que provoca em mim? Será também que foi por isso que não foi indiferente ao meu beijo?"

– Isso, maldito! Continue como o sedutor que procura encrenca porque irá encontrá-la! Eu o ajudarei muito para que isso aconteça, meu "amigo"! Ligue para ela! Reforce o que ela sentiu com seu beijo. Não deixe os sentimentos esfriarem, dom "Juan"! – espumava de ódio o obsessor. – Vamos dar uma rápida saída e depois voltaremos – ordenou aos que o acompanhavam.

O obsessor se afastou com o seu séquito em direção à residência de Álvaro.

Mas a sugestão de ligar para Alexandra penetrou profundamente em sua mente.

Valéria, em sua casa, de repente, teve uma ideia:

– Vamos, Bruna. Vamos dar uma passada na casa da "tia" Alexandra. Quero pedir a opinião dela sobre continuar ou não participando do grupo de atendimento fraterno. Não quero atrito com o papai outra vez. Como mulher ela poderá ter a sensibilidade de uma orientação mais segura. Vamos, filha!

– Isso, Valéria! Captou bem minha ideia! Alexandra poderá dar uma opinião feminina muito útil no caso! Afinal você não quer mais atrito com seu "querido" marido, não é? Vá mesmo! Vá agora, minha "amiga"! – buscava Osman influenciar a jovem que buscara no ambiente de sua casa procurando urdir uma armadilha que envolvesse a todos cada vez mais em sua busca por vingança.

Disse e retornou rapidamente ao local de trabalho de Álvaro.

Mal chegou, começou as sugestões ao rapaz.

– Ligue para Alexandra, meu "querido"! Ela também deve estar até agora pensativa com aquele beijo apaixonado! Vamos, ligue logo! Não deixe o calor do beijo se perder por falta de uma ligação!

Enquanto isso, Valéria chegava à casa de Alexandra sendo alegremente atendida por ela.

– Desculpe ter vindo incomodá-la, minha amiga. Não vou demorar. Só queria sua opinião como mulher. Acabei tendo um atrito com Álvaro pelo fato de ter ido ao grupo de atendimento fraterno para trabalharmos juntos. Não entendi até agora a reação dele ao me ver naquele local. Por isso tive a ideia de ouvir sua opinião feminina sobre se devo continuar ou não. Se, por acaso, teria alguma explicação pela qual Álvaro reagiu daquela maneira?

A lembrança do beijo recente deixava Alexandra constrangida na presença de Valéria. Estava muito confusa para opinar de forma a colaborar com a amiga. Até mesmo um leve rubor espalhava-se sobre a sua face morena clara.

– O que poderei dizer para ajudar, Valéria?! Sinceramente, não sei. É tudo tão confuso e repentino, não é?

– Repentino como, Alexandra? – perguntou a mãe de Bruna.

– É...

Não terminou a frase porque o celular entre as suas mãos havia acabado de tocar. A proximidade entre as duas era tão grande que o número que chamava era visível às duas.

Era Álvaro!

– Pode atender, Alexandra. Deve ser alguma coisa que meu marido quer conversar com você sobre o centro.

– Mas...

– Atenda. Diga que estou aqui e conversem à vontade. Eu espero.

As mãos de Alexandra tremiam ao levar o celular ao ouvido.

– Alô?

– Não consigo esquecer o beijo, por isso te liguei. Não vejo a hora de repetir a dose. E creio que você também, Alexandra.

– Pois é. Valéria está aqui! Veio bater um papo comigo. Sim, está tudo bem. No centro conversamos sobre seus planos para o grupo. Agora preciso atender sua esposa. Um abraço.

Valéria sorria enigmaticamente.

Alexandra estava pálida e profundamente constrangida.

Para espairecer o ambiente, repetiu a frase popular:

– Nós, como espíritas, não acreditamos em "diabo", não é Valéria, mas foi falar nele e ele apareceu! – disse e tentou um sorriso para descontrair referindo-se a Álvaro.

Quem gargalhava freneticamente era o espírito obsessor que comentava:

– Ah! Esses servidores do Cordeiro são uma gente muito fraquinha! Fizeram direitinho o que sugeri. Vou fazê-los em pedaços com a minha vingança!

Capítulo 14

OSMAN PROSSEGUE

ENTUSIASMADO PELOS RESULTADOS QUE vinha obtendo, o obsessor procurava cada vez mais fechar o cerco contra as suas vítimas.

Valéria chegou em sua casa extremamente pensativa sobre a liberdade do telefonema do marido àquela hora para Alexandra.

"Interessante que raramente Álvaro me liga. Qual seria o motivo da ligação para ela? Haveria nesse comportamento alguma explicação para a má vontade dele em que eu participasse do grupo do atendimento fraterno no Centro Espírita Alvorada Nova? Será que "as coisas" estavam em algum grau de envolvimento maior entre Alexandra e Álvaro e que passara despercebido para mim, sua esposa?!"

O obsessor captava esses pensamentos pelo desequilíbrio que se instalava cada vez em maior grau na mente de Valéria.

E a chance não era desperdiçada por ele.

"Isso mesmo, minha amiga! Melhor você abrir bem esses seus olhos! Homem é sempre homem! Só porque ele se diz servidor do Cordeiro você coloca a sua mão no fogo?! Ah! É questão de tempo e vai se queimar! Vigia mais! Desconfie mais! Se faça cada vez mais presente nos locais aonde ele vai! Já não o encontrou bebendo em um bar noturno onde prostitutas frequentavam? Então! Quem faz um cesto faz um cento, como vocês mesmo dizem! Marcação cerrada, Valéria! Conte comigo! Estarei sempre a postos para ajudá-la!"

Logo depois se deslocava até onde se encontrava Alexandra. Ele precisava aproveitar ao máximo aqueles momentos de desequilíbrio do grupo.

E na casa da amiga de Álvaro, infiltrava-se nos pensamentos da moça.

"Ligue para ele! Vocês precisam combinar o que vão dizer para Valéria sobre o telefonema inoportuno! Se cada um contar uma história diferente do outro, acabarão em situação difícil! Muito difícil!"

Deslocava-se rapidamente para o local de trabalho de Álvaro para exercer sua ação nefasta.

"Vá até a casa de Alexandra para acalmá-la sobre o seu telefonema em hora imprópria, meu amigo! Transmita segurança a ela para que possam continuar se querendo bem! Aliás, muito bem cada vez mais! Vá até lá o mais depressa possível!"

Cipriano procurava por sua vez enviar alertas aos envolvidos respeitando, contudo, o livre-arbítrio de cada um. Ainda mais que eram portadores de conhecimentos espíritas!

Mas é assim mesmo. O espírita conhece, mas o espiritismo não obriga ninguém a fazer aquilo que não deseja. A doutrina espírita alerta, mas não pode construir barreiras externas ao direito de livre escolha de cada um. Os espíritos relatam seus sofrimentos como mecanismo de alerta, mas não possuem o poder de impedir ninguém. E assim deve ser para que a sementeira seja livre, mas a colheita obrigatória!

Assim que o obsessor conseguiu convencer Álvaro de ir rapidamente até a casa de Alexandra, não perdeu tempo.

Começou a emitir pensamentos para que Valéria ligasse no emprego para conversar com o marido sobre aquele assunto do telefonema para Alexandra que a estava deixando angustiada demais.

"Vamos, Valéria! Ligue para ele e exija uma explicação do telefonema para Alexandra! Afinal, você é a esposa dele! Você é a mãe da filha dele! Quer razões maiores do que essas? Vamos! Não vacile! Ligue agora!"

Quando Valéria tinha cedido às sugestões do obsessor, o telefone tocou antes.

Cipriano também trabalhava.

Valéria atendeu.

– Alô? Quem é?

– Sou eu, Valéria. Floriano, minha amiga.

– Olá, senhor Floriano! Em que posso servi-lo?

– Estou ligando para reforçar o convite para que você comece a nos ajudar no grupo de atendimento fraterno. São muitos os necessitados. Quanto mais trabalhadores na seara de Jesus, tanto mais socorro poderemos proporcionar aos necessitados.

Na realidade Floriano tinha percebido a reação de Álvaro quando da presença dela no dia em que compareceu pela primeira vez à reunião do grupo. Não queria aprofundar julgamentos por saber que isso não era recomendável a um espírita. Mas alguma coisa estranha estava acontecendo.

Cipriano estava feliz com o telefonema do companheiro encarnado. Não conseguira que suas sugestões chegassem até Valéria, mas de uma forma indireta acabara por intervir beneficamente nos acontecimentos através do auxílio oportuníssimo de Floriano.

Na cabeça de Valéria muitos pensamentos se entrechocavam com a pergunta dele porque evocava a figura de Alexandra.

Deveria ser sincera com o amigo espírita e abrir o coração sobre suas suspeitas? O que fazer? A decisão requeria apenas alguns segundos, porque do outro lado do telefone havia a pessoa no aguardo da sua resposta.

– E então, minha amiga? Vai comparecer nos auxiliando? – reforçou a pergunta Floriano.

– É... É...

– O que foi, Valéria? Liguei em hora imprópria? Se for isso, ligo outro dia.

– Não! Não! Pelo contrário! Eu estava mesmo precisando falar com o senhor.

– Que bom! Estou a sua disposição. Pode falar, minha amiga.

– O assunto é muito constrangedor, senhor Floriano.

– Não será se considerar que tenho idade para ser seu pai. Faça de conta que está diante dele e abra o seu coração.

Cipriano estava feliz porque conseguira interceptar uma parte da atuação do obsessor que procurava agravar o conflito entre aquelas pessoas.

– O senhor não observou que meu marido ficou bravo quando apareci no atendimento fraterno naquele dia?

– Não posso mentir. Também senti o mesmo, sim. Mas foi porque não a esperava! Talvez tenha ficado um pouco melindrado porque não o avisou que iria. Deve ser isso, Valéria!

– Desculpe-me, mas acho que o senhor está tentando dar uma versão mais branda da reação dele.

– E qual seria a que você está pensando, Valéria? Se quiser me expor o que pensa, talvez consiga ajudar.

– Eu estou desconfiada que deva existir alguma coisa entre ele e Alexandra e eu fui incomodar.

– Veja bem. Essa sua interpretação está envolvendo outra pessoa e pode estar cometendo um julgamento injusto tanto em relação ao seu marido como com a amiga de vocês. Com o conhecimento espírita que seu marido e Alexandra têm, fica meio difícil que essa explicação seja a real, não acha?

– Nós sabemos que espírita não é sinônimo de perfeição, não é, senhor Floriano? Erramos como qualquer outra pessoa de religião diferente.

– Sim. Claro que sim. A única diferença é que temos maiores recursos para detectar nossos erros e suas consequências, Valéria. Somos todos espíritos viajantes em busca da perfeição estando ainda muito longe dela!

– Por isso não excluo a possibilidade de algum relacionamento entre meu marido e Alexandra.

– É um direito seu, minha filha. Se posso te pedir alguma coisa, analise melhor e com mais calma essa sua hipótese para que não venha a criar uma situação entre vocês que os espíritos desejosos de nos fazer o mal se aproveitem disso.

– Se é que eles já não estão aproveitando, não é, senhor Floriano?

– Sempre estão de "plantão", como bem sabemos, em busca das oportunidades que os encarnados oferecem, Valéria. Mas o meu conselho continua o mesmo. Pense com mais calma no assunto e, se quiser, voltaremos a conversar.

Despediram-se e Floriano ficou a pensar na hipótese de Valéria.

"Infelizmente também acho que ela pode ter razão. Mas não posso insuflar a discórdia onde existe a possibilidade de se restabelecer a paz. Vou falar com Álvaro para procurar esclarecer a situação com o menor trauma possível. Por ele, pela esposa, pela menina Bruna e por nossa casa espírita que acaba sempre respingada com desvios de conduta de seus frequentadores. Estão sempre de olhos bem abertos em cima dos espíritas como se fôssemos modelo de perfeição ou de conduta. Embora religião nenhuma deva responder por erros de seus frequentadores, infelizmente valem-se de deslizes de qualquer espírito para atacar a sublime doutrina dos espíritos!"

Se Floriano tentava apagar incêndio de um lado, do outro Álvaro tomava uma decisão contrária.

Em seu emprego pedia para o seu chefe alguns minutos para comprar uma medicação para dor de cabeça em farmácia próxima, mas na realidade dirigiu-se rapidamente para casa de Alexandra.

A moça surpreendeu-se com a presença dele.

– Mas o que está fazendo aqui, Álvaro?! Não bastou ter ligado na ocasião em que sua esposa estava aqui e ela ter percebido nitidamente isso? Está desequilibrado? Se esquece de que somos espíritas?

– Meu desequilíbrio é você, Alexandra. Deve ter existido alguma coisa entre nós no passado. Não sou mulherengo. Nunca fui. Mas a partir do dia em que nos vimos lá no centro esse sentimento foi crescendo dentro de mim!

– Mas precisa combater isso, meu amigo. Você sabe que não está certo!

– Não adianta me chamar de amigo. O que sinto por você está muito além da amizade. E não venha me dizer que meu beijo foi indiferente para você.

Foi se aproximando da moça para envolvê-la e abraçá-la, mas ela o impediu.

– Por favor, Álvaro! Se continuar insistindo nessa sua conduta vou procurar outro centro espírita para frequentar. Você perdeu o controle sobre si mesmo!

– Se fizer isso, juro que vou atrás de você onde estiver e a situação vai ficar mais na cara ainda!

– Álvaro, por favor! Retorne ao seu emprego! Seus colegas de trabalho podem desconfiar de alguma coisa se descobrirem que veio até aqui em pleno horário do serviço!

Tarde demais. Assim que Álvaro saiu, Luiz, o companheiro de trabalho interessado na bela moça que apareceu no escritório por ocasião daquele dia em que ele passara mal, seguiu-o na busca por mais detalhes entre ele e a bela jovem. Se soubesse mais sobre o que acontecia, talvez tirasse proveito disso ameaçando-o para que a apresentasse para ele.

"Afinal, sou solteiro! Livre e desimpedido. Esse pilantra é casado! Tem uma filha! Não será difícil pressioná-lo para que me apresente essa mulher belíssima que está procurando esconder só para ele."

Osman, o obsessor, delirava com o rumo das coisas que caminhavam para uma situação cada vez mais complicada para Álvaro, seu desafeto do passado.

Assim que ele entrou no carro para voltar ao emprego, Luiz emparelhou seu carro com o dele.

– Olá, amigo! Veio ver a bela?

Álvaro extremamente irritado respondeu rispidamente:

– Meta-se com a sua vida, cara! – e saiu acelerando violentamente o veículo.

Capítulo 15

NOVA "VISITA"

– O QUE QUEREM de mim outra vez? Perceberam que estão perdendo a guerra e querem pedir uma trégua? Ou capitular de uma vez?

Era o obsessor que se manifestava novamente no "Alvorada Nova" em reunião semanal no grupo destinado a amparar as entidades espirituais necessitadas.

– Não fazemos guerra, meu irmão. Somos da paz. Trabalhamos em nome do amor ao nosso Mestre e Senhor Jesus.

– Ah! Não fazem guerra? Mas como podem ser tão cínicos? Não fazem uma guerra, mas dezenas delas para submeter os inimigos do Cordeiro!

– Se fosse assim como você entende, Jesus não teria se deixado imolar numa cruz que ele nunca mereceu. Amou sempre. Amou tanto que preferiu a cruz do sacrifício ao ódio onde você vive mergulhado e sofrendo, meu amigo.

– Lá vem você com essa velha conversa outra vez. Nunca se cansa de repetir as mesmas coisas. Também não se cansaram quando perseguiram por duzentos anos aqueles que não se submeteram ao Cordeiro!

– Por que não fala mais claramente? Tem medo de alguma coisa e se esconde atrás de afirmações vazias e incompreensíveis para nós?

– Medo é palavra que desconheço. Enfrentei batalhas em defesa do meu ideal. Fui atravessado pela espada do meu inimigo que acreditou que tinha me tirado a vida, quando apenas me roubou Samia e Ayla.

– Está vendo? Está novamente se escondendo atrás de nomes incompreensíveis e assim não podemos ajudá-lo.

– Ajudar-me?! – perguntou o espírito gargalhando.

– Sim. Ajudá-lo a encontrar a paz e deixar de ser infeliz como está até agora.

– Grande engano seu! Estou cada vez mais feliz! Meus planos caminham rápido! Minha vingança se aproxima!

– E a paz cada vez mais está longe de você pelo que percebo – colocou Alfredo.

– Você não sabe nada da minha vida para tirar conclusões, escravo do Cordeiro!

– Agora chegamos num ponto de acordo. Sabemos muito pouco porque você se esconde atrás de um passado que não volta, estragando um presente que pode lhe devolver a paz e a alegria.

– A alegria a qual se refere é a mesma que sentiam quando massacravam aqueles que não seguiam o Cordeiro?

– Nesse jogo de palavras que você insiste em manter é impossível dialogarmos para esclarecer as coisas. Quem massacrava quem? Quando foi isso? Por que tem medo de falar diretamente sem usar de jogo de palavras?

– A resposta do que quer saber está em um símbolo que usam para representar o Cordeiro! Descubram qual é! Já adianto que é muito fácil!

– Se refere à cruz, não é?

– Está ficando esperto. Continue.

– A cruz, para nós, não é nosso símbolo. Para nós espíritas o símbolo é o amor incondicional que Jesus nos recomendou e viveu, meu irmão.

– Se está tentando outra vez me irritar insistindo em me chamar de "irmão" ou de "amigo", perde seu tempo.

Esperou alguns segundos como se estivesse pensando no que ia dizer e continuou:

– Naquela época a cruz era o símbolo de vocês! Ostentavam-na nos estandartes, nos escudos, em todo lugar onde pudessem colocá-la.

– Por que não fala abertamente que se refere à época das Cruzadas, meu amigo?

– Agora você está ficando inteligente! Sim! As malditas Cruzadas em que éramos massacrados por causa do Cordeiro!

– Por causa de Jesus jamais! Por decisão equivocada de homens imperfeitos, sim. Nisso tem razão.

– Mas se o Cordeiro não tivesse existido, as decisões "equivocadas", como você diz na tentativa de justificá-las, não existiriam. Exércitos ricos de homens muito bem armados vinham infernizar nossas vidas se deslocando de lugares longínquos para nos roubar a paz a que você tanto se refere. Mortes, viuvez, orfandades, dores atrozes, destruição, foi o que vocês distribuíram às mãos cheias em nome do Cordeiro!

– Isso tudo foi de ambas as partes, meu irmão. Os cruzados também sofreram o revide infeliz desencadeado por decisões lamentáveis e com as quais não concordamos como você. Jamais Jesus aprovaria uma atitude dessas se dependesse dele. Foi decisão de homens equivocados na interpretação das leis do amor que ele viveu e nos recomendou viver.

E no silêncio breve que se estabeleceu, Alfredo retornou para concluir:

– Você viveu na época das Cruzadas, meu irmão. Por isso traz dentro de si tamanho ódio que o infelicita há tantos séculos e se recusa a enxergar essa realidade. Como você mesmo disse, não o mataram. Apenas agrediram seu físico. Continua vivo e infeliz porque dá guarida ao ódio e repele o amor. Não possui a paz porque busca a desforra no desenrolar de todo esse tempo imenso! Já parou para pensar há quantos anos abre mão de ser feliz para executar esse plano de vingança? Você mesmo disse que foi atravessado por uma espada, mas não morreu! E é isso mesmo. Não morremos jamais porque Deus nos criou para a imortalidade! Pretende gastar a sua imortalidade sendo infeliz apenas para atingir o seu adversário de tantos séculos atrás? Ficar distante das pessoas a quem ama porque o ódio afasta essas mesmas pessoas de você? Valeria a pena alimentar esse ódio que o impede de ser feliz e viver em paz?

– Já me cansei dessa nossa conversa e vou embora! A não ser que me tenham como prisioneiro, o que será contra o amor do qual tanto falam!

– Vá em paz, meu irmão. O amor de que tanto Jesus nos fala é libertador, nunca aprisiona ninguém. Já o ódio nos retém prisioneiros pelo tempo em que dermos guarida a esse sentimento. Estamos e estaremos sempre abertos ao diálogo quando desejar.

Como de hábito, alguns componentes do grupo ficaram estudando as comunicações ocorridas naquela noite. Novamente a manifestação de Osman polarizou a conversa.

– Nesta noite ficou revelado pelo espírito obsessor a realidade que o move à vingança. Participou da guerra das Cruzadas em que foi vítima como defensor da religião muçulmana. Vítima e algoz, já que os muçulmanos invadiam os lugares considerados sagrados pelos cristãos. Só que ele se posiciona apenas como tendo sofrido agressão. Não entende que também agrediu – comentou Alfredo.

O ÓDIO E O TEMPO | 149

– E o alvo dele está nessa existência, pelo que tudo indica, não concordam? – ponderou um dos componentes do grupo.

– Não só aquele a quem ele dedica todo o seu ódio como também outras personagens que fizeram parte do drama naquela época. A companheira dele em tempos remotos, Samia, já tenho fortes indícios de quem seja, evidentemente com outro nome na atual existência. Creio que estudando as pessoas que convivem com ela chegaremos ao alvo principal.

Posto essas considerações, os amigos se despediram e se direcionaram para os seus devidos lares. Menos Alfredo, que procurou Floriano na casa dele onde foi acolhido com muita alegria. Eram bons e velhos amigos.

– Desculpe ter vindo a essa hora, Floriano, mas preciso trocar umas ideias com você enquanto as lembranças estão "frescas" na memória.

– Sabe que é sempre bem-vindo, Alfredo. Pode dizer, companheiro, que estou a sua disposição.

– Hoje o obsessor de companheiros próximos da nossa casa espírita se manifestou novamente e forneceu mais alguns dados sempre naquele sistema que usamos de não forçar nada. Revelou o que quis e sustentou a conversa até o momento que julgou melhor. Precisamos acolhê-lo para que retorne cada vez mais para que possamos esclarecer o caso e auxiliar a todos.

– Claro! Conheço seu trabalho e confio nele, Alfredo.

– Pois então. Em meu julgamento a jovem Alexandra, do grupo de atendimento fraterno, teve ligação com ele na época das Cruzadas quando se chamava Samia. Por sua vez eles tinham uma filha cujo nome era Ayla. Não consegui localizar essa menina nos tempos atuais, mas creio que está reencarnada. E o agressor do atual obsessor àquela época é alguém próximo a essas duas personagens. Por isso passei aqui a essa hora para saber se tem algum dado que possa acrescentar para auxiliar o meu raciocínio.

– Álvaro me parece se encaixar nesse quebra-cabeça. Recentemente, falei com a esposa dele que também frequenta nosso centro. Valéria estava desconfiada de alguma relação entre Alexandra e o marido. Sinto que alguma força está levando essas pessoas a um atrito crescente, Alfredo, o que vem sugerir uma forte suspeita de que o obsessor tenha estado envolvido com Álvaro e Alexandra em tempos passados que o ódio não permite que seja esquecido.

Meditou por rápidos instantes e tornou a perguntar:

– E em relação à criança a quem o espírito denomina de Ayla e que teria sido filha dele naquela época remota, teria alguma sugestão de quem poderia ser ou onde estaria nesse esquema todo?

– Até agora não tenho ideia, Floriano, mas provavelmente ela deva estar por perto se estivermos raciocinando corretamente. Tenho cá minhas ideias, mas não tenho certeza de nada.

Alfredo tamborilou os dedos da mão direita sobre a mesa em torno da qual estavam conversando e comentou:

– Se Alexandra realmente for a reencarnação de Samia, se Álvaro sente uma atração por ela, creio que nosso quebra-cabeça vai ganhando corpo.

– Sim, mas e Ayla, como se encaixaria nisso tudo para podermos completar nossa suspeita? – insistiu Floriano.

– Como te disse antes, não gosto muito de comentar sobre o que não tenho certeza, mas com você posso falar porque entende que não me julgo dono da verdade, meu amigo. Formularei uma hipótese para você pensar sobre ela e me ajudar no raciocínio sobre esse caso: Ayla não poderia ser Bruna, filha de Álvaro e Valéria?

Floriano pensou um instante e sorriu com satisfação.

– Sim. Por que não, meu companheiro? Se estivermos certos, tudo vai ganhando sentido. Álvaro é o agressor do passado. Alexandra é Samia. Ayla seria Bruna. Valéria estaria sendo usada como mais lenha para alastrar o fogo da destruição pelo obsessor. Creio ser uma hipótese muito bem composta para trabalharmos sobre ela, Alfredo.

Abraçaram-se na despedida e Alfredo foi meditando com muita atenção em todos os detalhes da ideia que tiveram juntos.

Na manhã seguinte, Álvaro chegou ao trabalho de muito mau humor devido ao acontecimento do dia anterior em que foi visto por Luiz saindo da casa de Alexandra.

Osman, o obsessor, não perdeu mais essa oportunidade de insinuar-se nos pensamentos dele.

"Não admita intromissão em sua vida! Você tem o direito de ser feliz em companhia de Alexandra, meu amigo. Corte o mal pela raiz! Se o atrevido vier com alguma pergunta, responda-lhe à altura do descaramento dele!"

As sugestões do desencarnado incitavam ao atrito no ambiente onde os dois trabalhavam.

Por outro lado, o obsessor não encontrava dificuldades maiores para adentrar a mente do bisbilhoteiro Luiz que sondara Álvaro até a casa de Alexandra. Os pensamentos alimentados por ele acerca do relacionamento entre os dois jovens era o suficiente para desbloquear quaisquer defesas morais no envolvido.

"Eis aí a sua oportunidade, meu amigo! Está com um grande trunfo nas mãos! Force Álvaro a apresentá-lo àquela beldade! Ele é casado e você não. Está livre para aproximar-se dela. Caso ele ofereça resistência ou se faça de difícil você sabe a solução fácil que tem em mãos. Um telefone! Um simples telefonema para a mulher dele jogará por terra qualquer resistência que ele queira lhe opor! Não vacile e terá a bela ao seu lado! Você merece! Basta saber se impor!"

A interferência de Osman nesse ambiente de vibrações negativas que induziam ao desequilíbrio funcionava como uma faísca súbita perto de algum líquido altamente inflamável.

E foi nessa situação que Álvaro passou pela mesa onde Luiz

trabalhava sem cumprimentá-lo como não era seu costume fazer e dirigiu-se para o seu local de trabalho.

Mas o rapaz que desejava a conversa, não deixou passar a oportunidade.

– Bom dia, Álvaro! Não cumprimenta mais os amigos? – indagou num misto de ironia e sarcasmo.

– Os amigos, sim. Aqueles que agem como se fossem inimigos, não! – foi a resposta pronta e agressiva.

– Olha cara...

Não conseguiu completar a frase interceptado que foi por Álvaro.

– Não! Escute você! Não gosto que se intrometam na minha vida, Luiz! Não admito que bisbilhotem minha vida! E você sabe muito bem ao que estou me referindo.

– Só porque ontem...

Novamente não conseguiu traduzir seu pensamento em palavras.

Álvaro levantou-se bruscamente de sua mesa de dedo em riste apontando para ele.

– Cala essa boca senão vai se arrepender de abri-la para falar asneiras!

Nessa altura dos acontecimentos, aquele local do serviço tornou-se a atração dos que estavam nas proximidades e que foram se aproximando aos poucos.

– Está vendo o que essa sua boca está fazendo? Tornando-nos alvo dos olhares aqui presentes e da curiosidade de todos!

– Não sou casado, cara! Você é! Inclusive tem uma filha!

– Cala essa boca, seu inconveniente! Será que não me entendeu?

– Entendi! Quer a "bela" só para você!

Álvaro não se conteve mais. Jogou-se rápida e violentamente por sobre o colega de trabalho e se atracaram em luta corporal tendo que os colegas intervirem para separá-los.

– Safado! Respeita sua mulher, cara! Respeita sua filha!

Álvaro extremamente irritado soltou-se das mãos que o seguravam e atracou-se outra vez com Luiz.

A confusão rapidamente chegou ao conhecimento da chefia imediata que compareceu ao local.

Osman vibrava com mais aquele golpe que de certa forma ajudara a acontecer enquanto falava bem alto aos companheiros de aprendizado no mal: "É assim que se derrota os servidores do Cordeiro! Armamos as armadilhas e eles caem dentro igual presa fraca e ingênua, apesar de acreditarem que sabem muito com esse tal de amor que vivem a pregar, mas que não os socorre numa hora dessas! Servimos ao ódio e à vingança que nos leva à vitória!"

Culminando com a sucessão dos problemas que os acontecimentos seguidos vinham trazendo na vida de Álvaro, os dois funcionários receberam da firma uma advertência escrita pelo ocorrido no ambiente de trabalho.

O pai de Bruna foi buscar refúgio no consolo que esperava por parte de Alexandra.

A moça ficou desgostosa com o ocorrido porque pressentiu que caso o companheiro de Álvaro buscasse alguma desforra, o caso poderia chegar até aos ouvidos de Valéria.

– Álvaro, continuo afirmando a mesma coisa. Você precisa falar com o senhor Alfredo. Muitas coisas não estão andando bem em sua vida. Pode estar sendo alvo de alguma entidade desejosa de lhe fazer o mal. Agora mais essa briga para piorar as coisas!

– A advertência escrita não impõe nenhuma punição imediata, Alexandra – disse tentando diminuir o impacto do ocorrido, embora não acreditasse ele mesmo nessa colocação.

– Você sabe que isso não é bom no sentido profissional, Álvaro! Isso compromete você no emprego em que está ou em futuros locais de trabalho que venha buscar.

– É verdade. Mas vou procurar me controlar mais. O problema é que aquele cara procurou envolver o seu nome e aí perdi a cabeça.

– Minha preocupação é maior e vai muito mais adiante. Já pensou se essa pessoa resolver como vingança ligar para sua mulher? Já lhe disse várias vezes que é um homem comprometido. Não existe futuro em um relacionamento entre nós! Veja-me apenas como uma amiga que o quer muito bem. Só isso!

– Não sei o que acontece, Alexandra. Sinto algo incontrolável por você. Como já lhe falei, deve ser alguma coisa do passado.

– Ainda que assim seja, nada justifica no presente momento dessa nossa existência esse seu descontrole. Só piora as coisas para todo mundo. Você tem sua esposa, sua filha e o seu lar para cuidar e respeitar, Álvaro! Pense nisso para evitar de fazer loucuras que poderão comprometer seriamente a você junto a sua família e a mim também! O que esse seu companheiro vai pensar ao constatar que veio até minha casa quando o seguiu?

– Foi por isso que o agredi. Percebi que a interpretação dele sobre a sua pessoa não era a correta.

– Pois então! Você tem culpa nisso por ter vindo até minha casa sem nenhum motivo que justificasse. Podemos muito bem conversar como amigos no centro quando nos encontramos para trabalhar no atendimento fraterno!

Álvaro passou uma das mãos pelos cabelos desalinhados enquanto ela prosseguia:

– Fale com o senhor Alfredo. Vamos procurar auxílio nos amigos espirituais. Eles poderão nos orientar melhor!

– Vou ver. Quem sabe falo com ele um dia desses.

– É melhor falar logo enquanto as coisas não se complicam mais, meu amigo. Deixe o orgulho de lado!

Cipriano presente emitia suas sugestões por meio de Alexandra para amenizar de alguma maneira a situação que não sinalizava com bons acontecimentos para o futuro.

Enquanto isso, o companheiro agredido de Álvaro era visitado em sua revolta por Osman, o obsessor que encontrava nele mais um "aliado" em sua busca por vingança.

"Tem que dar o troco nesse atrevido que o agrediu! Homem sem moral! Casado e busca conquistar outra mulher! Você sim está nesse direito! E olhe que ela vale a pena, meu amigo! É lindíssima! Essa agressão que recebeu, colocou o valentão em suas mãos! Ou ele te apresenta a jovem ou... o telefone será a tua vingança!"

Nesse momento da sugestão, que o agredido acompanhava satisfeito, ele olhou para o telefone da sala em que trabalhava.

"É isso mesmo, meu amigo! Ou ele abre mão da valentia ou um simples telefonema o derrubará feio na vida! Para nunca mais se levantar! Sim! Um telefonema e ele irá a nocaute!"

– Maldito metido a conquistador! Passo a mão no telefone e ligo para sua mulher! Vamos ver como se arruma! Já estou sentindo mais prazer em vê-lo destruído perante a esposa e a filha do que ao me aproximar da beleza que ele anda cobiçando naquela jovem! Ah! A destruição será completa se considerar que é metido a ser espírita! Será destruído também perante seus companheiros de religião! – falava baixo, como se dialogasse consigo mesmo, Luiz.

Capítulo 16

A DECISÃO DE ALEXANDRA

ALEXANDRA JÁ CONHECIA ÁLVARO o suficiente para pressentir que mesmo com os acontecimentos que vinham se avolumando e complicando sua vida particular, ele não procuraria o senhor Alfredo, a não ser quando a situação estivesse ainda mais complicada e, talvez, até impossível de ser resolvida.

Por isso tomou a decisão de procurar auxílio junto ao companheiro coordenador do trabalho mediúnico para pedir ajuda ao amigo das atividades de atendimento fraterno e teimoso o suficiente para não buscar o socorro necessário.

Procurou por Alfredo no "Alvorada Nova" e encontrou o trabalhador com as mãos em serviço no campo do bem como sempre fazia na maior parte do dia.

– Olá, minha amiga! Que surpresa agradável! A que devo a honrosa presença?

– Vim pelo Álvaro, senhor Alfredo, porque sei que ele mesmo não viria tão cedo conversar com o senhor.

– Vejo que me parece apreensiva pelo nosso companheiro de trabalho nessa casa abençoada, Alexandra.

– O senhor tem toda razão. A vida de Álvaro tem apresentado complicações seguidas e acho de boa conduta pedir ajuda aos amigos espirituais para uma orientação que auxilie na busca por soluções.

– Não sabia que a situação estava desse jeito. Mas, vamos lá. Conte-me o que está acontecendo – agiu com discrição para não revelar que já havia conversado sobre esse assunto com Floriano na casa desse amigo do centro, já que Alexandra tinha aberto seu coração anteriormente com ele evitando dar conotação de fofoca sobre o assunto e quebra de sigilo de assuntos pessoais.

E Alexandra expôs ao companheiro confiável as ocorrências que vinham pontilhando no dia a dia de Álvaro.

– Não parece ao senhor que tem alguma participação de desencarnados, senhor Alfredo?

– Como sabemos, minha amiga, desde que proporcionemos oportunidade, as entidades temporariamente voltadas ao mal não perdem a chance de nos dar uma "mãozinha" para que as coisas se compliquem, Alexandra. Gosto sempre de lembrar, entretanto, que é o encarnado quem dá a última palavra.

– E ele tem dado, senhor Alfredo. Pode acreditar.

– Mesmo frequentando o centro e conhecendo as orientações dos amigos desencarnados?

– Infelizmente, sim.

– É assim mesmo. Acontece com um grande número de espíritas porque estamos distantes da perfeição. Ouvimos os alertas dos desencarnados, lemos os livros, estudamos, discutimos entre nós, mas ainda somos fracos o suficiente para que na hora em que deveríamos empregar os conhecimentos, acabamos por "baixar a guarda" mesmo sabendo que o mundo invisível é uma realidade e influencia em nossas vidas muito mais do que possamos supor como nos ensina *O Livro dos Espíritos*. Não fosse a paciência incansável de Jesus juntamente com os espíritos abnegados do plano superior que trabalham em nosso favor, nos envolveríamos em situações ainda mais alarmantes do que o fazemos agora.

– Pois é, senhor Alfredo. Fico imaginando as religiões que não acreditam na ação dos espíritos sobre o nosso mundo e como eles conseguem interferir de maneira ainda mais intensa! Se os espíritas agem sucumbindo aos alertas, o que se esperar daqueles que não acreditam na atuação do mundo espiritual em nossa existência?!

– E Jesus já nos alertava sobre isso quando orientava que deveríamos buscar a reconciliação com nossos desafetos enquanto ainda em trânsito com eles. Se os desencarnados fossem banidos para uma região muito distante da nossa, se fossem impedidos de estar em uma dimensão paralela muito próxima das nossas vidas, Jesus não teria nos dado esse alerta. Se aquele que deixa o corpo acabasse ou se fosse removido para locais de onde não pudesse jamais sair, estaria em vigor o ditado popular de que "morta a cobra, morto o veneno". Só que temos provas e mais provas em nossos trabalhos mediúnicos de que não se passa dessa maneira. Os chamados mortos estão bem vivos, sendo capazes de continuar amando ou odiando os relacionamentos que criaram no mundo. Até mesmo mais do que nós em rápida passagem por essa nossa escola da Terra porque, como desencarnados, possuem a arma da invisibilidade, o que lhes permite agir quando se dedicam ao mal, de maneira muito mais fácil.

– Pois é. Creio que Álvaro, no momento atual, se encontra nessa fase e por essa razão acredito que tem participação "extra" nos problemas que têm repontado na vida dele.

Alfredo meditou alguns segundos com uma das mãos nos lábios e comentou:

– Alexandra. Lembro-me que me procurou tempos atrás para contar um sonho estranho que teve. Lembra-se disso?

– Claro! Nitidamente! Estava numa época recuada que não consegui entender até agora onde havia guerras, homens se matando em campo de batalha, armas, animais, um horror!

– Pois é. Também me recordo que o nosso amigo Álvaro estava nesse sonho, não foi assim?

– Sim. Sim. Ele participava dessa guerra montado em um animal e com uma arma na mão que zurzia no ar e descia sobre seus inimigos sem piedade.

– E comentou esse sonho com ele também?

– Claro, senhor Alfredo. Contei para que me auxiliasse a entender o significado de tão estranho sonho.

– E qual foi a reação dele? Ajudou com alguma hipótese na interpretação do que sonhou?

– Imagina! Não deu nenhum crédito a esse meu sonho alegando que não era ele quem eu vi porque tem horror às guerras e sequer sabe montar a cavalo. Que jamais empunharia uma arma para matar outra pessoa.

– Parece que esse nosso amigo é realmente teimoso, minha companheira! Como espírita ele se esquece de que vivemos há milênios passando por inúmeras existências onde fizemos coisas e tomamos decisões que, nos dias atuais, felizmente, já abolimos de nossa conduta. Hoje essa hipótese sobre armas e guerras é repelida por ele, o que não significa que em tempos distantes não possa realmente ter participado de batalhas sabe-se lá por qual motivo! Como todos nós, evidentemente, devemos ter em nosso passado atos que hoje repeliríamos sem titubear.

– Evidente que sim. E ele também sabe disso, mas quando se trata de aplicar a si mesmo os ensinamentos da doutrina, parece que sofre um "ataque" de esquecimento, senhor Alfredo. Uma espécie de ataque agudo da doença de Alzheimer! – disse Alexandra fazendo troça.

– Que pode se tratar de uma defesa para não trazer ao nível

da consciência atual as mazelas que todos temos em nosso passado de espíritos que vêm caminhando penosa e lentamente em busca da perfeição. Aliás, precisamos da bênção do esquecimento temporário que a reencarnação nos proporciona, senão não suportaríamos a lembrança e o peso dos erros terríveis que já cometemos em tempos idos.

– É a misericórdia de Deus agindo em nosso favor, não é, senhor Alfredo?

– Sem nenhuma dúvida!

– E ainda existem pessoas que usam do argumento do esquecimento para negar que a reencarnação existe! Imagine! Se já nos queixamos do peso da existência sem conhecer o que fizemos no passado, o que seria do espírito encarnado se lembrasse das misérias que já aprontou por esse tempo afora? Só Deus mesmo é capaz de entender, tolerar e ter compaixão da nossa ignorância!

– Outros negam as vidas sucessivas do mesmo espírito em corpos diferentes porque alegam que a Bíblia não fala sobre isso. Veja só! Como não fala se Jesus foi tão claro em várias passagens ocorridas com Ele? Não afirmou a Nicodemos que era necessário nascer de novo?

– Mas muitas pessoas alegam que esse nascer de novo seria pelo ato do batismo, senhor Alfredo.

– Se fosse por isso, Jesus teria batizado todos que cruzaram o caminho dele, a começar pelos seus discípulos e pela sua família. O batismo é um ato puramente exterior. Jesus nunca batizou ninguém. Então, ele se referia a reencarnar quando conversou com Nicodemos e não a uma atitude exterior que nada significa! Se não houver o "batismo" interno das boas intenções em deixar o homem velho e cheio de erros e assumir o homem novo que deseja mudar de vida e caminhar para alcançar a perfeição nenhum ato social, por mais requintado que possa ser, irá substituir o verdadeiro batismo. Aliás, João, o batista, já anunciava claramente essa realidade quando afirmava que ele, João, batizava com água, mas que depois dele viria aquele que batizaria com "fogo"! E realmente é "fogo" quando nos decidimos seguir verdadeiramente a Jesus e aplicar em nossas vidas seus ensinamentos!

– Tem também a afirmação de Jesus sobre Elias aos apóstolos quando esses indagam sobre a volta desse profeta e o Mestre afirma que Elias voltou na pessoa de João Batista de maneira bastante clara, mas que não foi reconhecido. Tudo muito claro para aqueles que possuem olhos de ver e ouvidos de ouvir.

– Isso mesmo, Alexandra. Que beleza de colocações, minha filha! Outra passagem muito marcante sobre a reencarnação ocorreu perto da localidade de Cesareia de Felipe, quando Jesus pergunta aos discípulos quem o povo achava que ele fosse. Os apóstolos afirmam que muitos achavam que Jesus seria um dos antigos profetas que havia reencarnado. Ora, é preciso ser mais claro do que isso? Como Jesus seria um dos antigos profetas se não fosse por meio da reencarnação?! E reparemos que nosso Mestre não combate essa ideia de que algum espírito possa retornar e apresentar-se como outra pessoa em um novo corpo. Se isso não fosse possível, ele corrigiria essa colocação dos seus discípulos.

– Essas pessoas, e infelizmente são muitas, são os cegos que não desejam ver, senhor Alfredo!

– Mas um dia serão banhados pela luz da verdade porque essa verdade é de Deus e o que Ele criou ou determina não sofre mudança, Alexandra. As leis de Deus não dependem da nossa crença nelas. Simplesmente existem e são cumpridas!

– Só Deus mesmo para compreender o ser humano!

– É porque Ele é um Pai que não daria um pedaço de pedra a um filho que solicitasse um naco de pão, como Jesus nos apresentou o Criador. E também porque é o próprio amor infinito como O definiu o apóstolo João. Somente assim para ir perdoando Seus filhos rebeldes como cada um de nós e nossos desatinos, Alexandra!

Aguardando alguns segundos, ponderou:

– O assunto é palpitante, mas voltemos a falar sobre nosso amigo Álvaro que necessita do auxílio dos espíritos amigos, não é mesmo?

– E muito, senhor Alfredo! Muito mesmo, no meu entendimento.

– Então ficamos assim. Tenho em minha mente uma hipótese que vai encaixar nosso amigo no contexto do seu sonho do passado, como você o viu em plena batalha e o Álvaro de hoje. Prefiro me aprofundar mais no que estou pensando e depois voltamos a conversar, minha amiga. Não podemos comprometer a doutrina espírita com os famosos "achismos" que existem por aí quando muitos falam que acham que é "isso" ou que é "aquilo". Quando emitimos um pensamento baseado nos ensinamentos dos espíritos, precisamos fazê-lo com muito respeito e zelo pelo imenso trabalho de Allan Kardec e daqueles que o sucederam despendendo enorme sacrifício para que os ensinamentos doutrinários não fossem desvirtuados como os ensinamentos de Jesus.

– Concordo plenamente e aguardo por informações seguras, senhor Alfredo.

– Ah! Uma última informação que me ocorreu agora, minha amiga. Será que Álvaro e a família estão realizando o Evangelho no Lar? Sabemos da importância de mais esse recurso que a doutrina espírita coloca à disposição em nosso favor. Com essa atitude atraímos os bons espíritos a conviver em nossa casa e onde a luz se faz, as trevas deixam de existir. Inclusive o benefício das vibrações do Evangelho se derrama também sobre as casas dos vizinhos ou até mais além, dependendo das nossas vibrações. Chico Xavier dizia que a oração que nasce da profundidade dos nossos sentimentos, antes delas chegarem ao céu, o céu já desceu à Terra. Dessa forma, medite na força das vibrações quando a família se reúne em torno dos ensinamentos de Jesus por ocasião do Evangelho no Lar!

– Honestamente, não posso dar notícias nesse sentido para o senhor, mas pelo que vem acontecendo com ele, creio que o Evangelho não deve estar sendo uma prática no lar de Álvaro, infelizmente. Vou conversar com ele a respeito e o lembrarei da importância de mais esse recurso, senhor Alfredo.

– Faça isso, Alexandra. Os espíritos voltados ao bem colaboram conosco na medida em que as Leis de Deus permitem, mas precisamos fazer a nossa parte da melhor maneira possível para colaborar com eles.

Se as coisas caminhavam bem na conversa de Alfredo e Alexandra, o obsessor Osman não perdia tempo de agir em seu mais novo "colaborador" criado por um ato de agressividade de Álvaro contra Luiz, o colega de trabalho.

Rapaz desprovido de religião, com valores morais afeitos ao imediatismo da existência presente, tornava-se Luiz um espírito fácil de ser atingido pelas sugestões do obsessor que não perdia tempo.

Por conta disso, na noite posterior à briga no escritório, Luiz, o agredido, deitou corroendo-se de raiva e ódio contra Álvaro.

Existiria "prato" melhor a ser servido às intenções de Osman?

Luiz debateu-se muito no leito antes de conciliar o sono que teimava em não vir. A imagem do seu agressor não saía de sua mente.

Era como se ele, o agressor, estivesse deitado no mesmo leito com o agredido e isso o incomodava profundamente.

Por fim o sono venceu as vibrações de ódio que impregnavam de substâncias nocivas a corrente sanguínea de Luiz que acabou por entregar ao sono o veículo físico, mas não o espírito imortal que ficou ao lado do corpo impregnado do mesmo sentimento de quando estava no veículo físico desperto.

Muitas pessoas se iludem de que a morte física transforma o ser imortal libertando-o de todos os defeitos e inundando-o de muitas virtudes!

Grande engano! Prosseguimos na dimensão espiritual exatamente como somos em relação aos nossos sentimentos de amor e ódio! E era assim que Luiz se sentia fora do corpo. Corroía-se em ódio contra Álvaro, o que não passou despercebido ao seu novo "aliado" Osman.

Triste e perigosa associação, sem dúvida nenhuma.

Aproximou-se do leito o obsessor com tom de voz que procurava cativar o seu novo instrumento de agressão contra Álvaro.

– Olá, meu "amigo"! Vejo que seu coração, com justa razão, está intranquilo pela covardia da agressão que recebeu no emprego perante tantos amigos e amigas!

Luiz não compreendia o que se passava, mas recebia as falsas vibrações de solidariedade emitidas habilmente pelo espírito infeliz. Não possuía lucidez do que se passava e nem quem era que ditava palavras aparentemente de apoio, mas uma sensação de satisfação lhe inundava o ser, ao que ele respondia mentalmente como se dialogasse consigo mesmo.

– Maldito! Humilhou-me perante tantas pessoas! Mas isso não vai ficar assim! Vou dar-lhe um troco bem pesado! É um malandro casado e que se acha no direito de conquistar moças descompromissadas!

– Está coberto de razão, meu "amigo"! E estou aqui exatamente para ajudá-lo a fazer "justiça" contra o seu agressor! Juntos iremos à forra e ele deixará o caminho da bela jovem só para você! Basta para isso que escute meus conselhos e alcançará sua desforra!

Luiz não via a figura ao seu lado e tinha a impressão de que pensava alto conversando consigo próprio.

– Vai ter que pagar bem caro pelo que me fez, o malandro! Os bofetões que tomei vão custar muito caro ao descarado!

– Lógico que sim, meu "amigo"! Está coberto de razão e estou aqui para apoiá-lo! Derrubaremos o seu agressor com um só golpe e dessa queda não se erguerá jamais!

Nesses instantes de vibrações extremamente negativas, a figura de Valéria surgiu no pensamento de Luiz auxiliado por Osman que não perdeu tempo em insuflar ideias terríveis ao agredido.

– Sim! É isso! É ela o caminho da sua vitória!

A esses pensamentos que o encarnado supunha ser dele próprio, formulava perguntas de como deveria agir utilizando-se da esposa de Álvaro.

Rapidamente o obsessor voltou à carga:

– Ora, meu "amigo"! É tão simples de executar a "justiça"! Use o telefone! Uma vez só já basta! Um simples telefonema e colocará por terra o miserável que o humilhou tanto!

E na mente de Luiz ia se fixando a figura de Valéria e a imagem de um telefone.

O moço acordou muito mal-humorado, com uma sensação de cansaço grande como se tivesse caminhado um longo percurso ou trabalhado horas além do habitual, resultado das energias negativas que lhe minavam o veículo de carne oriundas no contato nocivo do espírito fora do corpo material com Osman, durante o sono da noite

Esfregou os olhos e imediatamente a lembrança de Álvaro lhe veio à mente.

– Maldito valentão! Você vai me pagar antes do que espera!

E pensando assim, a lembrança de Valéria e o telefone retornaram à sua mente que havia fixado as sugestões do obsessor durante aquela noite muito maldormida e, o que era pior, em péssima companhia!

E foi nessas condições emocionais que Luiz seguiu para o emprego.

E Osman, como não poderia perder essa utilíssima oportunidade, seguiu com ele...

A noite não interrompe nossos valores do dia, assim como o dia não bloqueia os acontecimentos vividos na dimensão dos espíritos.

Capítulo 17

OS FATOS SE COMPLICAM

NO DIA SEGUINTE, LUIZ passou pela mesa de Álvaro sem cumprimentá-lo ou sequer olhar para o colega de serviço. Além disso, optou por dar um esbarrão proposital na mesa deslocando-a do lugar costumeiro, o que irritou o seu ocupante.

– Além de se intrometer na vida dos outros, resolveu dar coices também, seu mau-caráter! – disse de imediato Álvaro.

Cipriano, presente no ambiente espiritual daquele local, antevendo que poderiam os fatos caminhar para uma piora de consequências lamentáveis, procurava pela mente de Álvaro na tentativa de inspirar-lhe calma, especialmente naquele dia em que Luiz estava impregnado pelas vibrações deletérias do obsessor.

Osman também estava a postos no mesmo local atrelado à mente de Luiz, agredido no dia anterior, sem conseguir vislumbrar a presença de Cipriano por causa da frequência vibratória diferente em que se encontravam. Na verdade, julgava-se sozinho e à vontade para continuar sua obra no mal.

– Álvaro, meu filho. Você frequenta o centro e tem as bênçãos dos conhecimentos espíritas! Essa é uma ocasião em que eles se fazem extremamente necessários. O perdão às ofensas de maneira ilimitada como Jesus nos ensinou. A compreensão que o seu companheiro de trabalho é o seu próximo necessitado de ajuda por conta do desequilíbrio emocional em que está envolvido. Ele não possui a visão real da existência como você por meio dos ensinamentos dos espíritos amigos! Essa é uma oportunidade para que você coloque em prática seu aprendizado pelo bem de vocês dois. E mais ainda, meu filho, pelo bem do seu lar onde a Providência Divina concedeu-lhe a oportunidade valiosíssima de uma companheira e da filhinha que veio coroar a vida a dois. Pratique o que sabe. Não perca essa chance para que as coisas não caminhem para o precipício de um desfiladeiro de consequências imprevisíveis.

Álvaro deteve-se por um breve instante como se parasse para meditar nas sugestões de Cipriano.

Mas a força do orgulho logo se fez presente e ele como se espantou com esses pensamentos, considerando-os apenas fruto de um momento de fraqueza.

"Afinal, Luiz precisava aprender a não se intrometer na vida alheia!" – pensou para combater os pensamentos que o mentor procurava enviar até ele.

Osman já encontrava uma facilidade enorme em dominar a mente de Luiz invadida e dominada pelo sentimento do ódio e do desejo de desforra pela humilhação sofrida no dia anterior.

– Isso, Luiz! Ele está mais frágil hoje porque sabe do perigo que você representa para ele se der um telefonemazinho para a casa dele! Suas armas são desproporcionalmente maiores! Ele é casado! Tem uma filha! E mais: é desses que frequentam essas casas onde as pessoas pensam que podem falar com os mortos! Ficará muito mal perante os companheiros da sua religião! – eram os pensamentos que o obsessor enviava para o jovem enquanto gargalhava com as suas próprias colocações, especialmente sobre a doutrina espírita.

O que Osman não esperava era que Cipriano diminuísse seu campo vibratório a ponto de fazer-se visível a ele.

Foi pego de surpresa e ficou furioso.

– Mas o que está fazendo aqui, escravo do Cordeiro? Será que nunca aprendem? Dessa vez resolveu se mostrar? Acha que pode me assustar? Pois está muito enganado! Não vou desistir de fazer justiça.

Cipriano esperou que ele esvaziasse uma parte do ódio que tinha no coração e comentou suavemente:

– A paz de nosso mestre Jesus esteja nos nossos corações, meu irmão!

– Mas será possível? Não chega o que tenho que ouvir naquela casa de gente escrava do Cordeiro e vem você me aborrecer com essa mesma fala de "irmão" pra lá, "irmão" pra cá? Quantas vezes vou ter que repetir a mesma coisa? Não sou "irmão" e nem "amigo" de nenhum servidor do Cordeiro! Odeio vocês! São falsos! Mentem!

– Pois que a paz de Jesus possa permitir-lhe ouvir o que desejo lhe falar, meu irmão.

O obsessor ia iniciar seus protestos e blasfêmias novamente, mas a autoridade moral de Cipriano interviu com mais energia:

– Permiti que falasse o que desejava, Osman! Agora é a minha vez e como você se diz arauto da justiça que deseja fazer contra alguém que ficou há séculos no tempo que passou, essa justiça que você prega determina que é a hora do meu direito de falar assim como teve o seu. Por isso escute, se é que realmente representa verdadeiramente a justiça que tanto prega.

Essa argumentação deixou o obsessor confuso não permitindo-lhe elaborar uma resposta pronta.

Cipriano continuou:

– Nutre um ódio que atravessa os séculos por um irmão seu que errou no passado em relação a você, como também sofreu as consequências dos erros cometidos por você, Osman. Ora somos vítimas, ora somos algozes e por isso a misericórdia Divina nos permite continuar a viver no corpo ou fora dele para que possamos nos acertar perante a própria consciência e caminharmos em direção da paz e da felicidade para as quais fomos criados por Deus, nosso Pai de infinito amor! Todas as vezes que dispara suas vibrações de ódio contra o nosso irmão encarnado, você também é a maior e a primeira vítima! Isso porque o ódio funciona como uma bomba que alguém detonasse junto ao corpo para ferir pessoas a sua volta. O corpo mais estraçalhado é do agressor e não daqueles que sofreram a agressão! É isso que vem fazendo há séculos impedindo a si próprio de ser feliz em companhia das pessoas que amou nesse passado longínquo. Dissemina a infelicidade, mas, ao contrário do que pensa, é o maior infeliz! Espalha o ódio e é o maior alcançado pelos seus efeitos negativos! Rouba a paz daquele a quem persegue e vive atormentado! Já parou para pensar que é o maior perdedor nessa sua perseguição que já dura tanto tempo?

O obsessor parecia ter recebido um choque de alta voltagem e demorou um pouco para se recuperar. Entretanto, quando o fez, continuava agressivo e com as mesmas intenções de sempre.

– Não quero ouvir mais nada! Chega! Se o que deseja é o meu afastamento, eu me vou, mas não desistirei de exercer a minha justiça! Voltarei sempre até que tudo seja feito segundo a minha vontade! Não sou escravo de ninguém! Não obedeço ordens!

– Como quiser, meu irmão. Para onde for, que a paz de Jesus esteja com você para que possa meditar na felicidade que somente o amor e o perdão são capazes de criar em nossas vidas.

Osman saiu esbravejando terrivelmente irritado, acompanhado do seu séquito do local de trabalho onde Luiz e Álvaro se encontravam.

Luiz, que já estava o suficientemente "envenenado" pelas ideias do obsessor, retrucou à colocação de Álvaro:

– Primeiro, você merece coice porque gosta de agredir os outros. Segundo, se dou coices, pelo menos tenho o direito de andar atrás de mulher bonita porque sou solteiro, o que não é o seu caso, cafajeste!

Essa colocação foi a gota d´água que entornou o copo das emoções de Álvaro bastante conturbadas pelos episódios que vinham acontecendo envolvendo os dois, além do comprometimento da pessoa de Alexandra.

Novo tumulto se estabeleceu no ambiente de trabalho com os dois se atracando fisicamente com a troca de socos e palavras de baixo calão.

Elisa, a amiga de trabalho, antevendo as consequências de mais esse atrito dentro da firma, tentou intervir:

– Álvaro, por favor! Pense no que pode acontecer a você, meu amigo! Já foi advertido há pouco tempo! Poderá acarretar consequências piores com essa briga no local de trabalho! Pare com isso! Pense na sua família!

Mas, infelizmente, o ódio não permitia a Álvaro ouvir as ponderações ditadas pelo bom-senso da amiga.

E como não poderia deixar de acontecer, o fato chegou ao conhecimento da chefia imediata que levou o problema para o diretor da empresa.

Enquanto os ânimos eram acalmados pelos demais trabalhadores daquele local, não demorou para que Luiz e Álvaro fossem chamados à Diretoria.

Luiz não perdia a chance de agredir o desafeto enquanto caminhavam até o local.

– Agora quero ver a sua valentia se acontecer alguma coisa mais grave com a gente! Tem família, dom Juan! O que vai dizer para sua esposa? Como vai encarar a sua filha? Posso me estrepar, mas você vai ser o mais atingido, conquistador barato.

Se a distância até a direção da empresa fosse um pouco mais longa, os dois teriam entrado novamente na troca de agressão física.

Mas não houve tempo para isso.

Em questão de minutos estavam diante de um dos diretores.

– Chamei os dois aqui pelo ocorrido outra vez no local de trabalho de vocês em tempo tão curto! Parece que a advertência escrita de ontem não ensinou nada a vocês dois! A nossa empresa não precisa de lutadores de boxe como funcionários! Estão despedidos! Passem no Departamento Pessoal para acertarem seus direitos porque em consideração ao tempo em que trabalharam aqui, não vou demiti-los por justa causa, como seria o direito da empresa. Vou despedi-los sem justa causa para que possam receber o que a lei lhes faculta.

Álvaro tentou argumentar algo, mas foi interrompido pelo Diretor:

– Não diga nada, Álvaro, porque está resolvida a demissão de vocês dois. Agora podem ir brigar na rua como fazem os moleques. E você mais do que o Luiz, que é solteiro, deveria ter mais juízo. A sua demissão vai prejudicar também à sua família e isso é profundamente lamentável.

– Mas... – ainda tentou fazer alguma colocação.

– Por favor, senhores, dirijam-se até o Departamento Pessoal antes que eu mude de ideia e faça a demissão por justa causa!

Fora da sala da diretoria, Luiz voltou à carga:

– Viu só, valentão?! Vai para casa agora contar para sua esposa o que conseguiu por andar atrás de outra mulher. Ou vá até a outra e se atire nos braços dela para poder consolar-se.

– Você me paga, Luiz! O que acontecer de mal para minha família você me pagará!

– Não, meu caro! Você é que ainda vai me pagar mais caro do que imagina! Me aguarde!

Apressou os passos e distanciou-se em busca das suas coisas para ir embora daquele local.

Osman, o obsessor, comemorava com entusiasmo a ampliação de sua ação sinistra.

Álvaro tinha a partir daquela situação um perseguidor entre os encarnados, aliado que o obsessor conseguira por meio de sua ação sobre Luiz, associada à invigilância e vida voltada aos valores do mundo do rapaz.

Por sua vez, Álvaro estava envolvido numa grande perturbação com os últimos acontecimentos.

Tinha vergonha e receio de voltar ao lar após a demissão que sofrera cujas consequências eram uma verdadeira bola de neve a rolar montanha abaixo, atropelando várias pessoas, tais como ele próprio, a filha Bruna e Valéria.

Mergulhou em seu mundo interior a pensar.

"Como explicar à esposa o ocorrido que ocasionou o desemprego? Essa explicação envolveria a discussão e agressão física a Luiz. E como explicar esse desentendimento entre os dois sem chegar a envolver Alexandra? Parecia que a vida, num golpe brusco, virara de cabeça para baixo sua vida naquele dia. Alexandra tinha razão! A ação do mundo espiritual deveria ter uma parcela de culpa nesses acontecimentos que estavam atropelando a sua vida! Sabia que os espíritos inferiores não agem sem a nossa colaboração como ensina a doutrina espírita, mas que tinha a "mão" deles na precipitação tão rápida dos fatos, isso com certeza tinha!"

Atingiu a rua já fora do prédio onde trabalhara até então.

Por conta desses pensamentos julgou melhor buscar os conselhos e o consolo junto a Alexandra.

Dirigiu o carro até a casa da jovem que o recepcionou com surpresa.

– Álvaro! Você aqui a essa hora?! Mas o que aconteceu dessa vez, meu Deus!

– O pior, Alexandra! Por sua causa perdi o emprego.

– Por minha causa?! Enlouqueceu de vez, Álvaro? Que tenho a ver com isso?!

– Desculpa! Expliquei-me mal. É que um intrometido que trabalhava comigo, e também foi mandado embora, resolveu bisbilhotar nossa vida.

– Nossa vida?! Piorou ainda mais a sua colocação para entender o que você está tentando explicar! – disse a jovem atônita.

– Calma! Vou explicar. Esse mau-caráter chamado Luiz, ficou de olho em você desde aquele dia em que passei mal no emprego e você foi me ver, lembra-se?

– Claro! Falávamos ao telefone e, de repente, você interrompeu a nossa conversa de maneira estranha causando-me a impressão de que alguma coisa tinha acontecido com a sua pessoa e me dirigi para lá. E o que isso tem a ver com a sua demissão e a bisbilhotagem sobre "nossa"vida? Confesso que cada vez entendo menos!

– Você não tem culpa de ser bela como é, Alexandra. O safado pregou o olho em você e não tira sua figura da cabeça. Tinha a intenção de forçar-me a apresentá-la para ele. Com esse objetivo começou a vigiar a gente e a desconfiar de nós dois para conseguir algum meio de me chantagear a apresentá-la para o mau-caráter! Sabendo que sou casado queria usar disso para me ameaçar.

– Meu Deus! Como o ser humano é um poço de maldade!

– Convenhamos que ele tinha uma certa razão porque você me desequilibra, Alexandra!

– Álvaro! Por favor! Somos amigos! Você tem compromissos junto a Valéria e Bruninha! A situação está bastante complicada e você insiste nessa conversa?!

– Eu sei. Mas a verdade é essa. Você me perturba!

– Se continuar pensando e falando desse jeito, acho melhor você voltar para sua casa e ter uma conversa com a sua esposa.

– Não! Vim para ouvir a sua opinião e ver se consegue me ajudar. Estou desorientado. Sem rumo. Não sei como tocar no assunto com Valéria!

– Eu procurei te alertar sobre a influência dos desencarnados em sua vida, Álvaro. Dei minha opinião que deveria procurar o senhor Alfredo para abordar esse aspecto do problema. Você foi?

– Não. Confesso que não fui. Pensei que pudesse realmente resolver meus problemas sozinho.

– Mas eu fui!

– O quê?! Como assim?

– Como sou sua amiga procurei o senhor Alfredo, expus de maneira bem superficial as dificuldades que vêm repontando em seu caminho e pedi a colaboração dele junto aos desencarnados amigos.

– E o que ele disse?

– Que iria pedir socorro aos amigos espirituais.

Esperou alguns segundos e completou:

– Ele fez uma observação importante, Álvaro.

– E qual seria, Alexandra?

– Perguntou se você e sua família estavam fazendo a parte que cabe a vocês realizando o Evangelho no Lar, por exemplo. Nessas ocasiões convidamos as entidades voltadas ao bem para participarem de nossas vidas como você bem sabe. Onde o bem frequenta, o mal costuma se afastar. Aonde a luz chega, as trevas não encontram lugar. Tem feito isso, meu amigo, junto aos seus familiares?

Álvaro ficou pensativo não porque ignorasse as respostas, mas exatamente por ter a consciência culpada de estar cometendo essa falha.

Por fim, submeteu o orgulho e respondeu à amiga:

– Realmente não temos utilizado desse importante recurso, Alexandra! E se fosse só isso!...

– Não perca a oportunidade de realizar um exame de consciência, meu amigo. É exatamente nos momentos mais complicados da vida que a consciência nos estende a mão para nos auxiliar a encontrar o melhor rumo para nossas vidas. Creio que está atravessando por essa fase nos dias atuais. Não perca a oportunidade.

– Não sei como vai ser a reação de Valéria! Um assunto puxa o outro e pode chegar até nós, Alexandra!

– Desculpe-me, meu amigo. Até "nós", não! Você é que vem cultivando ilusões sobre as quais tenho tentado alertá-lo! Somos bons amigos. Sempre procurei deixar isso claro para você.

– Mas perto de você alguma coisa acontece, Alexandra. Parece que estou noutro mundo! Em outros tempos!

– Mas como espírita e uma pessoa que não é deficiente mental, sabe que estamos em pleno século XXI, Álvaro! Tem todo o conhecimento para entender isso e proceder de acordo com essa realidade no presente momento de nossas vidas, meu amigo!

– Mas e se no passado tivemos alguma ligação mais forte que me provoca esses sentimentos de agora?

– Nada justifica! Se a Providência Divina nos posicionou como amigos, valorizemos nossa amizade. Se Deus permitiu Valéria como sua companheira na atual existência, deve-lhe respeito e fidelidade! Se o lar de vocês foi abençoado com a presença de uma filha, agradeça vivendo para esse lar de maneira equilibrada!

– Parece fácil, mas não é, Alexandra. Alguma coisa muito forte mexe comigo em sua presença!

– *O Livro dos Espíritos* nos ensina na questão de número 909 que para vencer as más inclinações, basta pequenos esforços! Aplique isso naquilo que minha presença causa em você, meu companheiro.

Álvaro ficou pensativo e Alexandra aproveitou para arrematar dando uma conotação jocosa ao comentário:

– Faça de conta que eu sou um "vício" que precisa ser vencido!

Álvaro também sorriu da colocação da amiga, mas continuou tenso.

– Então vou ter que ir para minha casa enfrentar a "leoa"?

– Leoa, não! Sua esposa, que não tem nenhuma culpa pelo que aconteceu. Não perca isso de vista! Seja humilde. Coloque o seu "leão" do orgulho para correr e não complique ainda mais a situação.

– Complicar mais do que já está?

– Dependendo da sua atitude, poderá complicar mais, Álvaro. Por isso, muito cuidado! Muita humildade e pouco ou nenhum orgulho, senão...

Álvaro não quis continuar a incomodar Alexandra. Abraçou a amiga e beijou-lhe a face.

Saiu da casa dela sentindo-se sozinho para enfrentar as consequências que viriam dali para frente. Reconhecia as verdades que Alexandra colocara! Ela tinha razão. Teria que conversar com Valéria para colocá-la a par do ocorrido, esperando pela compreensão dela. Talvez o assunto não se aprofundasse a ponto de envolver o nome de Alexandra. Isso seria o pior que poderia acontecer na opinião dele!

Afinal, ela era inocente das conclusões descaradas de Luiz sobre a moça.

Bastou lembrar-se da figura dele para que toda a sua antipatia por ele passasse a tumultuar sua mente!

Precisava afastá-lo de sua cabeça! O estrago que ele havia provocado já era o suficiente! Não queria mais aquela figura nos seus pensamentos. Faria uma faxina mental colocando-o no esquecimento. Se desejava refazer sua vida, Luiz não podia fazer parte sequer de suas lembranças!

"Perdoá-lo não era hipótese para o momento atual!" – pensava resoluto.

Sabia que devia empregar o perdão pelas orientações da doutrina espírita, mas não adiantava ser hipócrita. O estrago que ele fizera em sua vida era muito grande!

Isso é o que Álvaro imaginava! Os danos poderiam ser ainda maiores caso não ignorasse que Luiz o seguira após os dois saírem do prédio onde trabalhavam naquele dia em que foram demitidos.

E seu inimigo recente o vira sair da casa de Alexandra fazendo os piores julgamentos sobre os dois e tendo uma ideia terrível que iria colocar em prática!

"Hoje você me paga por toda humilhação que sofri, seu maldito!" – pensou repleto de ódio.

E não pensava sozinho. Osman, que lhe sugerira seguir o ex-companheiro de trabalho até a casa de Alexandra, emitia os mesmos pensamentos que Luiz reproduzia como se fosse uma réplica encarnada do obsessor.

Capítulo 18

O TELEFONEMA

LUIZ CHEGOU ATÉ SUA residência e trancou-se no quarto.

Pegou o celular enquanto sua mente ardia de desejo de vingança.

Osman estava ao lado do aliado para levar adiante seus planos contra Álvaro e inundava de sentimentos de baixa energia o coração e o cérebro de Luiz.

– Isso mesmo, meu "amigo". Esse maldito precisa conhecer a força dos fortes! Humilhou-o perante os colegas de trabalho! Vamos ver se a valentia dele vai funcionar a partir de agora! Ligue, "meu amigo"! Não perca mais tempo! Quanto mais rápido der o xeque-mate nesse maldito, tanto mais rápido saborearemos a nossa vitória! Ligue!

Obviamente que Luiz nem de longe entendia o que estava acontecendo porque, como a maioria das pessoas, julgava que os mortos estão muito longe dos chamados vivos ou até não existem mais.

Parecia-lhe que dialogava consigo mesmo enquanto o obsessor despejava em sua mente as sugestões maquiavélicas.

Cedendo àquelas sugestões do mundo invisível, demorou apenas alguns segundos para digitar em seu celular o número escolhido que ele já conhecia pela convivência de muito tempo no escritório junto aos companheiros de trabalho.

– Alô? Pois não?

Era uma voz feminina quem atendia. Mais precisamente a voz de Valéria!

Luiz vacilou por alguns segundos e ela insistiu:

– Alô! Quem é? Deseja falar com quem?

– Com a senhora mesmo – assumiu a decisão o agredido por Álvaro.

– Mas quem é, por favor?

– Senhora, serei breve num assunto que lhe interessa muito! Preste atenção porque não vou repetir. Seu marido está tendo um "caso" com uma bela jovem de nome Alexandra! Como não gosto de ver mulher casada ser traída por um marido que se faz de santo, estou avisando para que tome as providências que o malandro merece.

Valéria ficou pasma com o que ouviu, mas teve a reação de responder:

– Mas quem está falando? Como vou confiar nas suas acusações muito sérias, senhor? Se o que diz é verdade, me diga o seu nome!

O que ouviu foi somente uma risada propositadamente muito alta da pessoa que ligava.

– Problema da senhora em acreditar ou não. Se gosta de ser enganada esqueça essa ligação. Agora, se não gosta, tome as devidas providências.

– Mas...

A pessoa desligou e Valéria não conseguiu prosseguir para obter mais informações.

Sentou-se em uma cadeira mais próxima e sua mente foi invadida por uma série de recordações que pareciam endossar as informações da pessoa que havia ligado.

"Meu Deus! Será verdade toda essa maldade que acabo de ouvir? Álvaro e Alexandra tendo um caso?! Os dois têm conhecimento espírita suficiente para que jamais permitissem que isso acontecesse! Até onde as palavras do denunciante anônimo serão verdadeiras?! Não consigo imaginar em nenhum dos dois falha moral para tal atitude! Tenho sido uma companheira fiel a ele! Temos uma filhinha! Frequentamos um centro espírita! Será que nada disso foi capaz de impedir um deslize de tal natureza tanto em Álvaro como nela?! É certo que Alexandra é uma bela mulher, mas tudo indica que tem uma formação moral incompatível com tal comportamento!" – eram os pensamentos que desfilavam céleres pela mente de Valéria.

Cipriano presente procurava ditar prudência na análise daquele telefonema no qual a pessoa se escondia atrás de um aparelho para destilar maledicências contra o marido e a trabalhadora espírita.

– Valéria, minha filha. Cuidado nos julgamentos precipitados porque eles deixam cega a capacidade de raciocinar e separar o joio do trigo. É preciso ouvir a versão dos acusados antes de pronunciarmos algum juízo sobre alguma maldade. Não nos esqueçamos do esclarecimento de Jesus aos apóstolos e a todos nós sobre a necessidade de perdoar não sete vezes, mas setenta vezes sete vezes! Se confirmada tal atitude dos dois acusados, não nos esqueçamos da necessidade de perdão do qual somos necessitados perante as Leis de Deus a cada dia de nossa existência! Calma! Muita calma para não criarmos situações de difícil solução e que poderiam ser resolvidas sem muita mágoa em nossos corações.

As sugestões de Cipriano pareciam água fria a cair sobre as brasas da dúvida na mente de Valéria que segurou a cabeça com as duas mãos procurando refletir na denúncia que acabara de receber. Precisava encontrar um caminho para não precipitar os julgamentos, mas estava muito abalada pela violência da notícia. Cada vez que a imagem do marido e de Alexandra lhe vinha à mente, mais confusa ela ficava e o desequilíbrio começou a ganhar terreno em seus sentimentos.

Era tudo o que o obsessor desejava para poder invadir a mente dela com lembranças que acentuavam sobremaneira a suspeita sobre Álvaro e Alexandra.

A ausência da realização do Evangelho no Lar fragilizava o ambiente e auxiliava a ação de Osman que logo começou a sugerir:

– Lembre-se, Valéria. Ele achou ruim quando você apareceu "naquela casa" onde conversam com os mortos! Ele estava em companhia de quem? Dela! Alexandra! Ele gostou da sua presença naquele local? Não! Exatamente como a sua sensibilidade feminina bem percebeu! E qual seria a razão de não ter gostado a não ser que fosse atrapalhar o relacionamento dele com aquela bela mulher!

O espírito obsessor evitava utilizar os termos "centro espírita ou casa espírita" porque sabia, embora não admitisse, que naquele local seus planos corriam risco de serem desfeitos. Não gostava nem de se lembrar daquele lugar!

Aguardou o efeito da sua primeira investida com as suas sugestões maldosas para Valéria que respondia em voz baixa a essas lembranças:

– Isso! Como não me lembrei antes e deixei passar sem a devida análise a reação de Álvaro aquele dia!

Nesse ponto o obsessor entrava na conversa como se dialogasse com ela:

– Se lembra como ele ficou bravo em casa quando procurou tocar no assunto, "minha amiga"?

– Exato! Não admitiu a conversa para nos entendermos sobre a atitude que teve!

O ÓDIO E O TEMPO | 185

– E por que fugia ao assunto, "minha cara"? – instigava Osman os pensamentos de Valéria.

– Álvaro devia alguma coisa, por isso fugia ao assunto!

– Lembra-se de onde ele foi parar quando saiu nervoso de casa? – tornava o obsessor.

– Foi se consolar em um bar aqui das redondezas! – respondia ela como se conversasse com alguém.

– Se não devia nada, por que não conversou sobre o assunto, não é, "minha amiga"?

– Que decepção, Álvaro!...

Osman aguardou mais alguns poucos segundos para não perder a sintonia com Valéria e voltou à carga:

– E tem mais! Lembra-se no dia seguinte à bebedeira quando ele passou mal no trabalho? Quem você encontrou por lá, Valéria? Ela! Sempre ela! Uma mulher bela sempre à espreita de sua vítima! Vítima não, porque seu marido adorava a presença dela! O telefonema apenas revelou a verdade que já vem há tempos! Reaja contra esses dois que vilipendiam seu lar e sua filha! Você não merece isso, "amiga"!

– Vou colocar isso hoje mesmo em pratos limpos!

– Isso! Seja firme! Está em seu direito! E tem mais uma coisinha, "minha amiga". Lembra-se do dia em que foi à casa da traidora para pedir a opinião dela se você deveria continuar indo "naquele lugar" onde os dois trabalham juntos e o telefone dela tocou? Quem era ao telefone? Quem, senão ele, seu marido! Por que estaria ligando para ela, Valéria? Eis aí mais uma prova a favor da informação que recebeu hoje de um "amigo" com o telefonema! Tome uma atitude! Mostre que você está sabendo dessa trama vergonhosa! Não seja mais escrava do engano desses dois! Reaja, "minha amiga"!

Com mais essa lembrança maldosa de Osman, os sentimentos de Valéria se tornaram exaltados e não via a hora de Álvaro voltar para o almoço! Queria ver o quanto ele seria capaz de mentir sobre aquela sequência de suspeitas que a denúncia da pessoa que se negara a se identificar dera início, e que fora insuflada pelo espírito imbuído de desforra contra o seu marido.

Estava envolvida nesse emaranhado de pensamentos desastrosos quando a porta da casa se abriu e para imensa surpresa da mãe de Bruna a figura do marido adentrou o lar.

– Oi, Valéria!

– Você aqui essa hora, Álvaro?! O que aconteceu? – disse em tom de voz num misto de surpresa e de raiva contra ele.

– Nem sei como começar a explicar para você, Valéria!

– Mas é bom que explique. Alguma coisa aconteceu para estar aqui a essa hora do dia quando deveria estar trabalhando. Estamos longe do horário do almoço. A Bruninha ainda está dormindo!

– Eu sei. Deixa-me colocar em ordem meus pensamentos para começar.

Fez uma pausa como se buscasse um resumo dos fatos ocorridos junto a Luiz antes de iniciar.

– Tive um atrito ontem com um companheiro de trabalho. Ele chegou me provocando hoje e tivemos outro desentendimento.

– E?... – colocou secamente Valéria.

– E acontece que fomos demitidos por termos brigado no ambiente de trabalho em dois dias seguidos.

Falou e sentou-se numa cadeira mais próxima como se sentisse o peso de uma enorme montanha a desabar sobre ele.

– Demitido?! Mas, Álvaro, onde você está com a cabeça, homem?!

– Minha cabeça estava defendendo uma pessoa amiga e que não merecia as insinuações desse mau-caráter do Luiz!

– Se tentou explicar alguma coisa, piorou! Agora não entendo mais nada! Como assim, defendendo uma pessoa que não merecia as insinuações dele?! Que insinuações, Álvaro? Quem é essa pessoa?

– Você a conhece, Valéria, e me dará razão quando eu contar tudo.

– Espero que sim. Pois continue logo porque estou muito interessada em saber como foi demitido e os problemas que teremos em consequência disso.

– É sobre Alexandra que estou falando. Aquela companheira do centro no trabalho de atendimento fraterno.

– Ah! Alexandra! Como não me lembrar! É a sua grande amiga e confidente! – comentou em tom provocativo Valéria.

– Como assim? O que está querendo dizer? É minha amiga, sim, Valéria.

– Eu sei! Quando você passou mal após aquela bebedeira incompatível com um pai de família e de um espírita, lá estava ela no seu emprego para consolá-lo! Por "coincidência" apenas, o dia em que estive na casa dela para conversarmos sobre a minha presença no grupo de atendimento fraterno, você ligou para ela! Não sei nada sobre o que conversaram porque ela disfarçou informando-lhe que eu, sua esposa, estava lá e você rapidamente desligou. Então, não tenho dúvidas que são amigos, íntimos até!

– Não sei o que está querendo insinuar com esse tom irônico, Valéria.

– Isso não tem importância para o momento, Álvaro. Prossiga contando por que brigou com Luiz. Parece-me, como estava dizendo, que foi por algum motivo sobre sua amiga, não foi assim? Continue!

Álvaro sentiu nas palavras da esposa que alguma coisa não estava bem. Contudo, naquele momento, não tinha tempo de descobrir o motivo. Precisava entrar na parte mais perigosa do relato acerca de seu desentendimento junto a Luiz. Deixaria para mais tarde para descobrir o motivo da ironia nas palavras de Valéria, embora não previsse nada de bom.

Foi despertado desses seus breves pensamentos pela esposa.

– E aí, Álvaro? Continue a contar os motivos que o levaram a perder o emprego!

– Como ia dizendo, Luiz, que é um mau-caráter, começou a fazer insinuações sobre Alexandra, atraído pela beleza da moça.

– Claro! Ela realmente é muito bonita. Atrai a atenção de qualquer homem, casado ou não.

Essa observação confirmou para Álvaro que a "tempestade" seria maior do que a esperada naquele dia. Mas tinha que prosseguir. Não havia como recuar.

– Sim. Alexandra realmente é muito bonita, o que não significa dizer que seja uma mulher vulgar como o mau-caráter começou a dar a entender sobre ela.

– Que insinuações, Álvaro? Continue para que eu possa entender melhor, porque até agora ainda não entendi a sua demissão por ter brigado dentro do trabalho!

– Ele começou a insinuar que havia alguma coisa entre mim e Alexandra atentando contra a honra dela que não merece tal julgamento, Valéria! Só porque ela se preocupou quando passei mal no emprego e foi levar o apoio dela, não significa que seja uma pessoa vulgar a ponto de Luiz fazer insinuações contra a honra dela!

– E contra a sua também, não é, Álvaro?

– Como assim? Contra a minha honra?

– Claro! Se Luiz insinuou que vocês eram mais do que amigos, atentou também contra a sua honra! Você é um homem casado e que tem uma filha! Além disso, possui uma religião que nos proporciona orientações para lutarmos contra nossos erros! Por tudo isso, a insinuação de que estava envolvido com Alexandra compromete também a sua honra, não acha?

Álvaro fez uma breve pausa e perguntou:

– Você também está do lado desse canalha, Valéria?

– Respondo depois que completar a sua história do atrito com esse tal de Luiz, o que levou à sua demissão.

– Foi isso aí, Valéria. Não podia permitir que ele atacasse a honra de uma pessoa inocente. E como continuou insistindo, acabei me atracando fisicamente com ele. A briga chegou até a direção da empresa que demitiu a nós dois. Foi isso.

– Mas baseado apenas a uma presença dela no dia em que você passou mal no emprego, o tal de Luiz fez insinuações tão graves contra Alexandra, ou existiram outros motivos, Álvaro?

– Como assim? Não estou entendendo!

– Vou refrescar a sua cabeça. Só existiu essa ocasião em que vocês estiveram juntos ou outros acontecimentos levaram seu companheiro de trabalho a suspeitar de uma relação entre vocês dois? É estranho uma pessoa atacar a honra de alguém baseada apenas num acontecimento! Não existiram outros motivos?

– Aonde você quer chegar, Valéria?

– Quero chegar até o telefonema que recebi hoje pela manhã antes de sua chegada inesperada, Álvaro!

– Um telefonema?! De quem? Do que se trata?

– De alguém que não se identificou e me alertou de suas idas à casa de Alexandra! O que você estaria fazendo na casa dela, Álvaro? Visita entre amigos somente?

– Agora você está com pensamentos semelhantes a esse canalha, Valéria! Como pode dar ouvido a alguém que se esconde atrás de um telefone para lançar suspeitas na minha vida?

– Na sua vida só, não, Álvaro. Na nossa vida e na vida da nossa filha!

– Deve ter sido o canalha que ligou para você! Quer se vingar por ter apanhado na frente dos outros e inventa mentiras para conseguir se vingar!

O ambiente vibratório do lar estava péssimo com essa discussão toda. Ambiente que Osman adorava! E ali se fazia presente.

– Muito bem, Valéria! Dê a esse maldito descarado o que ele merece! Agora você é minha nova aliada! Acabe com ele! Ultrajou o próprio lar! Não respeitou nem você e nem a própria filha! Destrua-o, "minha amiga"!

A discussão ia tomar rumos mais acirrados não fosse a presença de Bruna que havia acordado e adentrava a sala onde os pais estavam, muito assustada e a dizer:

– Papai! Mamãe! O lobo mau está aqui!

Álvaro envolveu a filha entre os braços enquanto Valéria alisava os cabelos da menina para acalmá-la.

Mas as últimas palavras foram para o marido:

– Tudo bem, Álvaro. Voltaremos ao assunto. Quero ver se você consegue provar que o assunto ao telefone foi uma mentira ou confirma o que eu tive que ouvir sobre você.

Capítulo 19

MAIS PROBLEMAS

APÓS ACALMAREM A FILHA, Álvaro saiu de casa procurando encontrar na rua condições de raciocinar melhor longe da presença de Valéria que incomodava sua consciência pela parcela de culpa que lhe cabia na sucessão dos acontecimentos infelizes e inquietantes e que culminaram com a sua demissão do emprego de tantos anos.

Nesse estado de alma, *flashes* do pesadelo que tivera sobre a noite de temporal descrita no primeiro capítulo onde sua vida parecia um beco sem saída, acorriam à sua memória em recordações fugazes.

Teria sido aquele sonho mau um aviso premonitório da situação que estava vivendo agora?!

Quem o poderia dizer? *Existem mais segredos entre o céu e a Terra do que pode supor nossa vã filosofia*!

Continuou a pensar:

"Creio que Alexandra tem razão. Parece que o plano espiritual está tramando contra a minha pessoa. Não é possível! Tudo dá errado! Agora até esse mau-caráter do Luiz invadiu a intimidade do meu lar! Sim, porque o telefonema só pode ter sido autoria dele para se vingar. Preciso aquietar meus pensamentos para raciocinar melhor" – pensava Álvaro dentro do carro enquanto dirigia sem um destino previamente estabelecido.

Sem que planejasse, passou em frente ao Centro Espírita Alvorada Nova. Força do hábito ou socorro do plano espiritual em seu favor naquele momento de grande tensão em sua vida?

"Não vem ao caso! O importante é aproveitar a oportunidade que pode ser uma resposta dos espíritos amigos aos meus problemas!" – raciocinou rápido.

Olhou com atenção para a fachada do prédio diminuindo bastante a velocidade do veículo como se procurasse algo.

E encontrou. Alfredo, como era do seu hábito, mais uma vez adentrava o local para dar prosseguimento aos afazeres ligados àquela casa espírita.

Álvaro não vacilou. Estacionou rapidamente o carro enquanto pela janela aberta gritava para Alfredo:

– Senhor Alfredo! Preciso falar com o senhor! – disse agitando uma das mãos enquanto a outra segurava o volante.

Foi correspondido com um aceno de mão e um sorriso amplo do interpelado.

– Olá, Álvaro! Desça um pouco, meu amigo!

Já no interior da casa espírita, Álvaro narrou os últimos acontecimentos ao atencioso amigo que o ouvia com todo o interesse.

– E foi isso senhor Alfredo. Confesso que estou perdido em minhas decisões! Não sei qual a melhor atitude a tomar.

– Para tudo existe um melhor caminho, Álvaro, desde que não percamos a fé em Deus e na ajuda dos espíritos amigos. A situação é delicada e exige escolhas as mais certas possíveis para não agravar ainda mais o problema.

– Pois é. O envolvimento de Alexandra nisso tudo me preocupa porque ela é inocente. Só que aquele infeliz do Luiz levantou suspeitas sobre Valéria para atingir a estabilidade do meu lar como vingança.

– Talvez ele não esteja só, Álvaro!

– Como assim, senhor Alfredo?

– Pode estar sendo auxiliado por irmãos nossos desencarnados que se afinam com ele contra você!

– O senhor acha que um obsessor pode estar se aproveitando dessa situação toda para me atingir também?

– Sabemos mais ou menos sobre o nosso presente, Álvaro. Mas o que sabemos do nosso passado e o que lá plantamos, meu amigo? A doutrina espírita nos ensina que jamais fomos melhores do que somos hoje porque o espírito não regride. Então, todos nós podemos ter atitudes em nossas existências anteriores que geraram espíritos inimigos nossos e que desejam algum tipo de vingança. Luiz poderia ser o instrumento encarnado de algum deles.

– Ou seja, devo ter inimigos do passado que estariam me "caçando" no presente. É isso?

– "Caçando" não é bem o termo, mas exercendo uma perseguição tenaz. Isso sim. Uma perseguição sem desânimo contra nossa pessoa. Quem de nós está livre dessa possibilidade? Sabe Deus o que já aprontamos em nosso caminho evolutivo? Quando ferimos, esquecemos. Mas aqueles a quem prejudicamos, se não nos perdoarem, não esquecem e voltam para nos cobrar.

– E Deus permite isso, senhor Alfredo?

– Deus nos esclarece por meio do maior dos mandamentos como nos ensinou Jesus a amar aos nossos semelhantes como a nós mesmos! Entretanto, somos livres para viver essa recomendação ou não. Se ele nos obrigasse a sermos bons, que mérito teríamos? Ora, como somos livres para sermos escravos da colheita daquilo que plantamos, na maioria das vezes por orgulho e egoísmo, escolhemos o mal. E Deus não impede essa nossa escolha, mas programa as consequências que virão para nos recolocar no caminho do bem.

"Se o Criador não impede quando escolhemos o mal, nada mais lógico que Ele também não impeça aquele que nos deseja fazer o mal. Responderá da mesma forma por essa escolha como respondemos pela nossa. Esse mecanismo de colheita daquilo que é semeado tem o objetivo de nos educar para melhores escolhas. De tal maneira que, ao questionarmos por que Deus permite que isso ou aquilo aconteça contra nossa pessoa, não podemos nos esquecer de perguntar por que Deus permite que façamos as escolhas erradas quando chega a nossa vez de acertar, Álvaro."

– É! O senhor tem razão. Se tenho um inimigo também entre os desencarnados, alguma coisa de errado devo ter feito e esse inimigo está a postos para cobrar!

– Não deveria, porque isso se chama vingança, mas é o exercício do livre-arbítrio inerente a toda criatura com a devida colheita pelas escolhas feitas.

Fez-se uma pausa breve entre os dois e Alfredo continuou:

– Vamos orar por você, Álvaro. Faça o mesmo, pedindo inspiração aos espíritos amigos para escolher a melhor direção a seguir e tomar as decisões de maior cautela para não agravar os acontecimentos, meu amigo.

Álvaro agradeceu a atenção e retornou à via pública pensando para aonde ir buscar por mais socorro.

De repente surgiu uma ideia:

– É isso! Vou até a casa de Alexandra para alertá-la do que aquele mau-caráter do Luiz fez. Ela precisa ficar prevenida porque não sei o que Valéria será capaz de fazer!

E partiu em direção à casa da amiga.

Teria sido uma boa escolha essa decisão?

Osman, o obsessor, julgava que sim. Exultava com a decisão de Álvaro. Por quê?

– Isso, maldito! Vá até a casa dela! Jogue-se nos braços da sua amada em busca de consolo! Corra para casa da bela Alexandra! Colabore comigo, "meu amigo"! Logo terá companhia! – e gargalhava ao constatar que o carro de Álvaro tomava o rumo da residência da jovem...

Enquanto a conversa acontecia entre Álvaro e Alfredo, na casa de Valéria a tensão era grande. O surgimento de Bruna durante a conversa com o marido interrompera o assunto não permitindo que ela chegasse a alguma conclusão sobre o telefonema que recebera.

Seus pensamentos estavam mergulhados em grande agitação e o seu coração em profunda angústia.

Trocou a menina que acordara há pouco, deu-lhe o alimento da manhã e resolveu procurar pelo senhor Floriano para desabafar e ao mesmo tempo pedir alguma orientação sobre o ocorrido.

Passou pelo centro para ver se o encontrava naquele local, mas nem mesmo Alfredo estava mais. Havia saído atrás de providências para aquela casa espírita. Contudo obtivera informações de uma funcionária que se encarregava da limpeza, onde ficava a casa de Floriano e para lá se dirigiu levando a filha com ela.

Depois de pouco tempo batia à porta da residência do amigo.

– Olá, Valéria? Que bons ventos a trazem até aqui para a minha alegria, minha filha! – disse solícito o trabalhador espírita.

– Venho em busca de socorro, senhor Floriano.

– Está com ar de preocupação na face! O que aconteceu?

E Valéria detalhou o ocorrido ao amigo e aconselhador.

Ficou ansiosa por ouvir as palavras daquele senhor a quem respeitava e confiava muito.

– Valéria, lamento que as coisas tenham tomado essa proporção e esse rumo, minha amiga. O que posso aconselhar a você é que toda análise de um problema deve abordar os ângulos que ele contém. Nesse caso, para se ter uma ideia mais justa disso tudo, é necessário ouvir a outra parte envolvida. Mais especificamente Alexandra, já que o autor do telefonema se escondeu atrás do anonimato. Quem tem uma atitude dessas para disseminar o desassossego na vida dos outros não é muito confiável, para ser brando no julgamento. Não creio em uma primeira análise na veracidade dessa denúncia maldosa. Seu marido tem muitas informações espíritas para que não chegasse a tomar uma atitude dessas com todas as implicações que ela acarreta. É evidente que espírita não é sinônimo de santidade, mas possui noção da semeadura e colheita. Álvaro não desconhece essa realidade. Por outro lado, Alexandra me parece uma moça muito bem composta em sua vida moral para se enveredar por um caminho desse tipo. O que não podemos deixar de considerar é a participação do mundo invisível em nossa existência, como deixou bem claro o Codificador. Mas para uma análise que diminua bastante o risco de chegarmos a um julgamento errado é necessário ouvir os envolvidos, como já lhe falei.

– O senhor acha, então, que devo procurar Alexandra agora?

– No auge das emoções como você demonstra estar, eu não aconselharia. A razão pode estar comprometida pelo coração e levá-la a conclusões errôneas. Aconselho aguardar essa agitação de sentimentos se abrandar um pouco.

Aguardou um curto tempo e perguntou:

– Onde está Álvaro nesse momento?

– Não sei, senhor Floriano. Quando Bruna chegou até nós falando sobre o lobo mau, ele saiu de casa depois de ter agradado a filha.

– Permita Deus que ele também aguarde essa "ventania" inesperada passar para vocês poderem conversar mais calmos. Retorne para seu lar e ore a Deus pedindo auxílio. Peça aos espíritos amigos para que a auxiliem na tomada de decisões para que não sejam precipitadas, Valéria. Estarei orando por vocês. Também vou conversar com o Alfredo sobre o ocorrido, caso você me permita. Quem sabe não tenhamos uma ideia melhor para amparar o casal a quem queremos bem?

Abraçou paternalmente a moça e a criança despedindo-se delas desejando que levassem no coração a paz de Jesus.

Na tranquilidade do lar de Floriano, a mente de Valéria se acalmara bastante. Contudo, fora do alcance das vibrações positivas desse local, a mágoa sobre a denúncia que recebera por telefone voltara ao mesmo nível do momento em que o telefonema lhe roubara a paz e instalara a dúvida, condições que permitiram o assédio de Osman.

– Você foi aconselhada a conversar com Alexandra mais tarde, "minha amiga". Mas não será preferível esclarecer o assunto o mais rápido possível? Dessa forma conseguirá fazer justiça de maneira rápida! Por que ficar aguardando mergulhada nesse mar de dúvidas que lhe roubam a paz se pode esclarecer o ocorrido agora mesmo? Vá até a casa dela agora! Olhe bem nos olhos dela para descobrir toda a verdade! Dessa forma será vitoriosa o mais rapidamente possível! Vá! Agora! Escancare a verdade na cara desses dois que a estão fazendo de trouxa sabe-se lá desde quando!

As emoções de Valéria entraram em grande conflito. Deveria seguir as orientações de Floriano ou aquilo que ela julgava ser a sua "intuição"?

"O que fazer, meu Deus?! Não mereço essa situação! Tenho o direito de ao menos ficar sabendo a verdade!" – raciocinava ela.

E nessa situação de grandes conflitos preferiu a via mais rápida. Iria até a casa de Alexandra! Se não tivessem nada a dever, tanto melhor. Ficaria tudo esclarecido e a sua vida voltaria ao normal. Caso acontecesse o contrário, teria mais tempo para decidir o que seria feito. Bastava a angústia da dúvida que se instalara desde manhã cedo em sua alma! Assim justificava para si mesma a decisão tomada.

Enquanto isso acontecia na casa de Floriano, Álvaro chegava até a moradia de Alexandra.

– Mas o que aconteceu dessa vez, Álvaro? Não foi falar com a sua esposa para colocá-la a par da situação? Como já está aqui de volta?!

– A situação piorou ainda mais, amiga! Sim. Fui até minha casa conversar com Valéria. Você nem de longe imagina o que já tinha acontecido por lá!

– Mas Álvaro?! O que está acontecendo no dia de hoje, meu Deus?!

– É o que eu gostaria de saber.

– Mas conte logo! O que aconteceu na sua casa? Valéria ficou furiosa?

– Ficou, mas não porque perdi o emprego.

– Por qual motivo, então?

– Alguém ligou para minha casa anonimamente e insinuou para Valéria que estamos tendo um caso, Alexandra! Pode uma coisa dessas?

Alexandra se sentou na primeira cadeira ao seu alcance!

– Mas o que é isso?! Por que tamanha maldade?!

– Pois é. Só pode ter sido o mau-caráter que apanhou de mim lá no escritório! Quem mais teria motivo para uma mentira dessas?

– O que me preocupa, Álvaro, não é quem disse tamanha mentira, mas sim a nossa situação nisso tudo! O que vamos dizer para sua esposa?

– Também não sei. O que acho é que ela não demora a aparecer por aqui, se eu a conheço!

E não demorou para ver que Álvaro raciocinou corretamente. Bateram à porta de Alexandra com uma certa insistência. Ela atendeu o mais rápido que pôde. Estava desorientada com a notícia do telefonema anônimo que comprometia seriamente a sua moral.

– Posso entrar, Alexandra? Ou o assunto é confidencial entre você e meu marido? Sim, porque ele está aqui. O carro dele está estacionado na porta de sua casa.

– Está sim, Valéria. Claro que está. E pode entrar. Como não? Seu marido e eu somos amigos, mas não há nada em nossa conversa que seja particular em relação à sua pessoa como esposa dele.

Valéria entrou pisando duro porta adentro. Perdera o pouco do equilíbrio que a conversa com Floriano conseguira transmitir-lhe. Sentou-se e disparou:

– Acho que vocês dois sabem muito bem o motivo de eu estar aqui! Estou à espera de explicações sobre a denúncia que recebi sobre vocês dois hoje pela manhã – disse dirigindo-se ao marido e a Alexandra.

– Entendo a sua revolta, Valéria, mas o denunciante é um covarde que se escondeu atrás de um telefone porque mentia – ponderou Alexandra.

– Sabe, eu tenho observado a proximidade de vocês dois há algum tempo, minha amiga – respondeu ironicamente Valéria. – Se entendem melhor do que dois irmãos! Que afinidade tão grande é essa? Maior do que a existente entre um marido e sua esposa?

– Valéria, entendo como deve estar se sentindo. Não vou mentir para você. Eu e Álvaro temos realmente uma afinidade de almas que só pode ser de tempos passados. Fomos amigos que se reencontraram, mas nunca perdi o respeito pelo casamento de vocês e nem pela filha que têm. A conclusão dessa mente maldosa que ligou para você não se justifica. Nada existe entre mim e Álvaro além de nossa amizade sincera. Nada devo e minha consciência está em paz! Creio que em sua posição eu também estaria extremamente revoltada, mas nada tenho a esconder nem de você e, o que é mais importante, nem da minha consciência!

– Eu também já te disse o mesmo, Valéria. Somos sim grandes amigos, mas o mau-caráter do Luiz com aquele telefonema quis apenas se vingar da surra que levou no escritório por atentar contra a honra de Alexandra que nada deve.

– Não pode provar que foi ele, Álvaro! Está apenas jogando nas costas dele para tentar uma justificativa – argumentou Valéria.

– Volto a dizer que entendo o que está sentindo, Valéria. Infelizmente não podemos provar a maldade da autoria do telefonema que você recebeu. Contudo, minha consciência está em paz e confio em Deus que um dia essa prova que você deseja e merece aparecerá por meio de algum acontecimento que sequer conseguimos imaginar nesse momento de tensão para todos nós. Confiemos na Providência Divina e no auxílio dos espíritos amigos que isso acontecerá.

– Quanto a você, Alexandra, não é problema meu. Em relação a Álvaro, tenho todo o direito de ter um esclarecimento da situação da maneira mais completa possível e só vou aguardar por isso porque tenho algum conhecimento espírita.

– Obrigado, Valéria! – comentou o marido.

– Não agradeça, Álvaro. Enquanto isso tudo não for devidamente explicado em seus mínimos detalhes, permaneceremos juntos em consideração a nossa filha que não tem culpa nenhuma nesse emaranhado lamentável de acontecimentos. Mas tem uma ressalva. Perto dela seremos marido, mulher e pais. Entre nós, entretanto, até que tudo se esclareça, se é que isso vai acontecer, permaneceremos apenas como amigos. E para essa situação não se complicar ainda mais, é bom você correr atrás de outro emprego, meu "amigo"!

– Mas Valéria! – tentou argumentar Álvaro.

– As condições são essas, Álvaro. Ou é assim ou você sai de casa ou saímos nós, Bruna e eu!

– Valéria, não tenho o direito de dar opinião na vida de vocês, mas vamos fazer um esforço para aplicarmos os ensinamentos espíritas nesses acontecimentos! – ponderou Alexandra.

– Os conhecimentos espíritas deveriam ter sido aplicados muito antes para evitar que isso tudo acontecesse, Alexandra! – retrucou Valéria.

Levantou-se para retirar-se do ambiente.

– Vou com você, Valéria! – disse Álvaro.

– Não se preocupe. Até que tudo se esclareça, se é que vai ser esclarecido, leve sua vida como bem entender, Álvaro.

E retirou-se da casa sem se despedir de ninguém.

Álvaro e Alexandra olharam-se arrasados pelo rumo que os acontecimentos tomaram.

Alexandra tinha a consciência tranquila. Quanto a Álvaro... nem tanto!

Capítulo 20

A MAIS ESTRANHA DAS NOITES

O RESTANTE DO DIA transcorreu na casa de Álvaro num ambiente de desconforto gerado pelos acontecimentos daquela manhã após o telefonema infeliz de autoria anônima.

"Tenho certeza absoluta que foi aquele infeliz do Luiz para se vingar! E conseguiu! Valéria conversa comigo apenas o estritamente necessário. Não tenho mais o ambiente agradável do meu lar. Perto da filha nos comportamos como seus pais, também como marido e mulher. Mas quando a menina se afasta, uma nuvem parece toldar o sol da alegria e da paz antes existentes! Reconheço parcela da minha culpa por ter insistido com Alexandra na demonstração do meu afeto por ela! Ultrapassei a linha do bom-senso! Mas graças à segurança dela não aconteceu nada além dos meus desequilíbrios provocados pela minha invigilância. Entretanto, não posso revelar isso no momento para Valéria porque agravaria mais ainda a situação que pretendo esclarecer. Assim que eu demonstrar a participação do mau-caráter com as suas mentiras, abrirei meu coração para Valéria contando a minha conduta errada. No momento não posso fazer isso porque agravaria a um nível imprevisível a situação que pretendo consertar. Não deixarei dúvidas no coração dela e nem na minha consciência" – meditava Álvaro na análise da situação que seu comportamento não recomendável o lançara.

O horário do almoço foi silencioso, apenas com observações da menina Bruna sobre o lobo mau que os pais procuraram contornar como sempre. Diálogo entre Valéria e Álvaro propriamente dito, não ocorreu.

Osman, que se aproveitava do desentendimento implantado naquele lar, regozijava-se com o sucesso ao conseguir prejudicar Álvaro envolvendo quem fosse preciso para isso, como era o caso de Alexandra, Valéria, Luiz e quem mais fosse preciso arrebanhar em seu mecanismo de vingança, e estava quase plenamente realizado. Mas queria mais, porque a vingança é difícil de ser saciada. Assemelha-se à areia escaldante do deserto em que sempre cabe mais e mais quantidade de água.

– Como já caminhamos para a sua infelicidade, "meu amigo"! Mas sempre sobra espaço para mais cobrança, como pretendo fazer! Vou levá-lo à destruição total! As coisas não vão parar por aí não! Tenha "fé", meu "irmão"! – disse perante seus comandados como se dialogasse com a sua vítima, gargalhando vitorioso.

Como não encontrasse ambiente tranquilo no lar, Álvaro saiu à procura de um novo emprego, embora não estivesse com a cabeça em condições para isso.

Retornando ao local de trabalho para pegar as coisas todas que eram suas, foi abordado por Elisa, que percebeu sua expressão de grande tristeza. Elisa era uma boa amiga. Sempre se deram bem como colegas de trabalho e como pessoas. A moça procurou aproximar-se em um momento discreto para trocar algumas palavras de bom ânimo com ele.

– E aí, meu amigo? Vejo que os efeitos do que ocorreu estão estampados em seu rosto. Sua esposa ficou triste também, não é? Já conversou com ela, não? Por isso essa sua cara de desânimo?

– Ah! Elisa! Você não sabe o que aconteceu de pior do que a perda do emprego, minha amiga!

– Pior do que isso, Álvaro?! Mas o que poderia ser pior, meu amigo?

– Acredita que aquele canalha do Luiz ligou anonimamente para meu lar fazendo intrigas entre a minha pessoa e Alexandra, companheira das lides espíritas, sugerindo a Valéria que eu tinha um caso com ela?

– Álvaro do céu! Isso foi, sem dúvida nenhuma, muito pior do que o problema com o emprego! Mulher não aceita traição!

– Mas o problema é que nunca houve traição nenhuma, Elisa! Alexandra é inocente! Como homem não vou mentir que também a acho muito bonita como realmente ela é. Não só eu. Você reparou nos rapazes quando ela veio até aqui no dia em que passei mal por ser minha amiga, não notou?

– Claro! Eu que sou mulher também reparei na beleza dela! O que é um fato não tem como negar.

– Pois, então. Só que aquele crápula do Luiz, que também estava aqui já criou toda uma mentira sobre eu e ela. E demonstrando o mau-caráter que é, criou essa invenção sobre nós dois e ligou se escondendo atrás de um telefonema para envenenar a minha vida e para se vingar de ter apanhado aqui dentro.

– E vocês brigaram por causa dela, foi?

– Sim! Ele queria que eu facilitasse a aproximação dele com Alexandra e eu me neguei. Por isso essa mentira toda que acabou por inventar para se desforrar. E o pior é que conseguiu. Não nego que Alexandra e eu somos dois grandes amigos. Muitas vezes converso com ela sobre determinados problemas, como estou conversando com você agora e me abrindo! Se, por acaso, eu a procurasse em sua casa para desabafar sobre o que está acontecendo, isso significaria que estamos tendo um caso?!

– Lógico que não! Verdadeiros amigos agem assim!

– Mas na cabeça do mal-intencionado em relação à Alexandra, o fato de eu ter ido à casa dela, como ele viu, serviu para inventar o que não existiu e envenenar a minha esposa destruindo a paz do meu lar!

– Meu Deus, Luiz! Como a maldade existe na criatura humana!

Aguardou algum tempo enquanto Álvaro recolhia das suas gavetas os seus pertences e completou:

– Olha, Álvaro! Vou ajudá-lo! Ainda não sei como, mas vou bolar alguma coisa para aliviar essa situação em que você foi lançado por Luiz. Pode confiar, amigo!

– Te agradeço muito, Elisa. Só que ele é muito astuto! Não vai ser fácil! Mesmo assim te dou um abraço de agradecimento antecipado, minha amiga!

– Fica tranquilo. O que eu puder fazer por você e pela sua família, eu farei.

Álvaro saiu do local onde trabalhava com o coração agradecido pela atenção de Elisa. Contudo, o que ela poderia fazer para ajudá-lo? Se Luiz estivesse presente e visse o abraço dado nela por ele, já criaria em sua imaginação doentia um romance para os dois.

As horas do dia foram se escoando e a penumbra da noite foi se avizinhando da cidade.

Alfredo e Floriano se encontraram no "Alvorada Nova" para mais uma jornada de trabalho na seara do Mestre.

– Boa noite, Alfredo. Ou muito me engano ou você está com um ar de satisfação muito grande estampado em seus traços, meu amigo.

– E tem toda razão, amigo Floriano. Conversei com Álvaro hoje pela manhã. Você sabe o que aconteceu com ele?

– Creio que sim porque a esposa dele esteve em casa muito aborrecida hoje pela manhã e andou me contando muita coisa sobre o desemprego dele e, pior ainda, sobre a intriga que lançaram no lar deles por meio de um telefonema anônimo.

– Isso mesmo, Floriano.

– Sim, mas o que isso tem a ver com esse seu ar de pessoa satisfeita?

– Ou eu estou muito enganado ou o enigma da perseguição do obsessor está esclarecido!

– Se você acha isso com a experiência que tem, eu não duvido.

– Na próxima oportunidade, com o auxílio do plano espiritual que nos assiste, vou abordar diretamente com Osman tudo aquilo a que fui levado a concluir sobre os planos dele.

– E você acha que ele vai confirmar alguma coisa, envolvido como está pelo ódio contra o perseguido dele?

– O obsessor é um ser em sofrimento aguardando ser ouvido, compreendido e auxiliado, por mais que demonstre o contrário. É uma criatura de Deus temporariamente desviada do caminho, tamanha é a dor que o fere, o que a leva à desforra contra aquele ou aqueles que elege para sua vingança, Floriano! Eu me atrevo a dizer que o obsessor é gente como a gente! Foi ferido no passado e continua ferido no presente, embora se creia vencedor enquanto exerce a sua tentativa de vingança. Na realidade, ele está impregnado pelo ódio que tem uma divisa muita precária e estreita com o amor! Se soubermos ouvi-lo, compreendê-lo e amá-lo como semelhante nosso, que na realidade realmente é, podemos operar prodígios! Ou melhor, o amor é capaz de realizar o milagre da regeneração da ovelha transviada do rebanho de Jesus conduzindo-a novamente ao seu aprisco! Creio que o amor sairá vitorioso mais uma vez!

– Que ótimo, meu amigo! Que ótimo!

Abraçaram-se, ambos esperançosos e felizes pela possibilidade de restaurar a paz em algumas almas.

Álvaro, no interior de sua residência, procurava conversar com Valéria sobre os poucos acontecimentos daquele dia em que também andara em busca de um novo emprego com pouco sucesso.

Entretanto, a esposa não alimentava o diálogo, respondendo com monossílabos dando a demonstração bastante clara de que não desejava conversa depois do ocorrido em relação a Alexandra e Luiz.

O obsessor que já estava bastante feliz com o mal que se abatera sobre aquele lar, não perdia a chance de complicar mais a situação.

Para tal objetivo trouxe à lembrança de Álvaro a existência do pequeno bar próximo a sua casa onde estivera depois da discussão com Valéria no dia em que conversaram sobre a presença dela no grupo de atendimento fraterno.

– Vamos, "meu amigo"! Depois de todos os aborrecimentos que enfrentou, por que não retornar àquele local para uma bebida que possa acalmar seus nervos? A esposa deixou bem claro que não quer conversar! Deixe-a tranquila e busque você um pouco de sossego! A casa noturna! Uma bebida discreta! Um pouco de tranquilidade fora do lar! A culpa não será sua! É ela que se recusa ao diálogo necessário ao casal. Vamos, Álvaro! É tão perto da sua casa! Quem sabe não encontra um amigo com quem possa desabafar sobre os problemas da vida? – se insinuava perigosamente o inimigo desencarnado na mente da sua vítima.

Álvaro recebia aquelas sugestões como se fossem produto da sua própria mente evocando lembranças de tempos atrás. Naquela ocasião um atrito com Valéria o conduziu àquele local de vida noturna frequentada por jovens e alguns adultos mais maduros sem compromissos.

Como para afugentar os pensamentos de retornar ao local onde ingerira bebida alcoólica, Álvaro ainda tentou novamente conversar com a esposa.

– Como Bruninha passou o dia, Valéria?

– Bem. Não percebeu nada do que aconteceu entre nós e espero que da sua parte faça de tudo para que continue dessa forma.

– Mas Valéria! Vamos continuar como dois estranhos dentro de nossa casa até quando?

– Até você provar que o pouco que ouvi naquele telefonema de ontem seja mentira, Álvaro. Ou então, até não conseguir provar e darei novo rumo em nossas vidas.

Osman delirava com essa situação entre o casal e reforçava as atitudes da esposa.

– Isso mesmo, "minha amiga"! Você foi enganada por esse malandro! Não ceda! Ele precisa de uma boa lição. Não abdique de sua decisão! Esprema-o até o fim! Ou ele prova que é inocente ou você o deixará entregue às suas aventuras! Ele que vá conversar com a amiguinha Alexandra! Você é uma mulher honesta! Digna! Não abra mão da sua decisão! Faça-o sentir as consequências da falta de responsabilidade até as últimas consequências!

Cipriano presente lamentava a atitude dos três espíritos envolvidos que se distanciavam das leis do amor que deve orientar a conduta dos filhos de Deus.

A grande mágoa no coração de Valéria criava uma barreira para os seus conselhos.

A consciência de culpa em Álvaro levanta empecilho para suas sugestões.

E o coração dolorido e repleto de ódio do obsessor voltado para vingança impunha cegueira total às consequências da sua participação na desestruturação do casal.

Álvaro sob a inspiração da raiva pela radicalização da atitude de Valéria não demorou muito a sair pela porta da frente em direção ao carro.

– Já que não tenho com quem conversar dentro da minha própria casa, vou procurar diálogo em outro lugar qualquer! – disse num rompante que caracteriza a vitória do orgulho em tantos seres humanos!

E partiu em direção à casa noturna próximo da residência.

O ambiente era característico desses locais. Encarnados sorvendo bebidas alcoólicas, cigarro, quando não drogas ilícitas de maneiras disfarçadas. Mulheres entregues à venda de ilusões dos prazeres sexuais e, em decorrência disso tudo, os desencarnados que partilhavam desses mesmos prazeres com aqueles que estavam mergulhados na carne.

Também existiam grupos de amigos que ali se reuniam para confraternização que poderia ser realizada em ambientes mais sadios. Entretanto, enquanto as consequências de nossas escolhas forem desconhecidas da grande maioria, esses lugares continuam e continuarão a existir e ser frequentados como se não oferecessem nenhum risco.

Álvaro, que sabia dessa realidade, mas que estava entregue à revolta pela atitude da esposa em não dialogar com ele, ignorando a sua presença em casa, magoada com os fatos ocorridos, acabou sentando-se em uma pequena poltrona junto ao balcão.

E como se pudesse agredir a própria vida e contornar os seus percalços, dessa vez pediu uma bebida destilada de teor alcoólico muito maior do que da vez anterior.

Sorveu o primeiro gole e procurou vasculhar o ambiente de luz fraca prejudicada pela fumaça dos cigarros que ali eram consumidos.

Voltou a sua concentração para o copo de bebida como se ali encontrasse as soluções para todos os seus problemas e levou outro gole em direção à boca quando alguém lhe tocou em um dos ombros.

– Álvaro?!

Voltou-se espantado com o fato de alguém que ali estivesse pudesse conhecê-lo.

– Elisa?! O que faz por aqui, minha amiga?!

– Estou numa comemoração junto com o pessoal de onde trabalhamos.

– Ufa! Ainda bem que não corro o risco daquele mau-caráter do Luiz estar junto a vocês porque foi demitido como eu.

– Está vendo como coisas boas também acontecem na vida? – disse a jovem procurando descontrair o ex-companheiro de trabalho. – Agora sou eu quem pergunta: o que você faz num ambiente desses? Não é hábito seu! Vida noturna nesse tipo de lugar, meu amigo?!

Osman presente junto a Álvaro para induzi-lo a maior comprometimento perante a própria consciência e a outras pessoas, vociferou contra a aproximação da ex-companheira de trabalho do pai de Bruna:

– O que essa atrevida tem que se meter na vida desse homem?! Maldita! Volte junto aos seus! Deixe minha presa aos meus cuidados! Saberei conduzi-lo para onde deve! Afaste-se intrusa intrometida!

Elisa sofreu um mal-estar súbito com as energias negativas do obsessor invadido pela cólera contra ela, mas logo se reequilibrou.

Cipriano também estava presente e prestava a sua quota de socorro para que o bom-senso prevalecesse. Por causa da diferença vibratória, o obsessor de Álvaro não conseguia vê-lo e julgava-se senhor absoluto daquele local junto ao mesmo.

– Por pior que seja aqui, está melhor do que o ambiente lá de casa, Elisa! Valéria apenas conversa o absolutamente necessário comigo. Não tenho com quem dialogar! Então resolvi procurar a companhia desse copo de bebida que não fala, mas escuta o que tenho a dizer. Por isso encontrou-me nesse lugar – argumentou Álvaro.

– Mas vamos para sua casa, Álvaro. Como sua amiga o aconselho a não dar mais motivos para que a mágoa de sua esposa cresça ainda mais. Já pensou que com essa sua atitude está reforçando as insinuações de quem telefonou para ela? Está, de uma certa maneira, como que passando recibo das insinuações maldosas daquele telefonema! Pense um pouco e verá que é verdade!

– Mas o ambiente lá em casa está péssimo, Elisa!

– E deseja que ele melhore ou piore, Álvaro? Essa sua atitude só vai piorar as coisas! Desculpe-me, mas como sua amiga sugiro que vá embora o mais rápido desse local. Vamos! Eu o acompanho!

– Está louca?! Amanhã cedo ou, talvez hoje mesmo, telefonem para Valéria dizendo que eu estava com uma mulher nesse lugar!

– Então vá antes que a bebida o impeça de dirigir em segurança!

– Mas Elisa!

– Álvaro! Sou sua amiga! Prometi ajudá-lo e vou! Agora, se você não se ajudar também, as coisas só vão piorar! Vamos! Eu o acompanho até a porta. Volte para sua casa, meu amigo! Não complique mais o que já está complicado. Não passe recibo para o anônimo que roubou a paz do seu lar! Vá e confie! Se não colaborar, nada poderei fazer para ajudá-lo!

– Eu sei que você não pode por mais que queira. Ninguém pode! De certa forma estou colhendo o que plantei.

– Se acredita nisso, comece por renovar o seu plantio indo embora desse lugar o mais breve possível. Vamos, meu amigo! Me escute, por favor! – disse Elisa de maneira mais enérgica e pegando Álvaro pelo braço e ajudando-o a erguer-se para se retirar daquele local.

Cipriano procurou auxiliar a sábia decisão de Elisa:

– Vamos, meu filho! Dê ouvidos a sua consciência que sabe muito bem que essa é a conduta mais coerente a tomar. Não teime contra as atitudes corretas que poderão trazer a paz e a felicidade novamente ao seu lar, junto à esposa e à filhinha.

Nesse momento Osman pôde vê-lo por conta da menor vibração imprimida ao seu perispírito tendo tomado essa decisão propositalmente para que o obsessor não continuasse a insistir com seus planos, compreendendo que o bem estava presente naquele ambiente por piores que fossem as intenções dos seus frequentadores.

Da mesma maneira, o perseguidor de Álvaro abandonou o local lançando ao ar suas já conhecidas blasfêmias contra os servidores do Cordeiro.

Seu afastamento auxiliou a decisão do pai de Bruna.

E diante dos argumentos daquela boa amiga e das sugestões que chegavam do plano espiritual, Álvaro retirou-se do local retornando ao lar.

Capítulo 21

A PROPOSTA

— POR QUE ME trouxeram aqui outra vez? Não percebem que detesto este lugar onde os escravos do Cordeiro se reúnem para nos atormentar? – era Osman, o obsessor, se manifestando em outra reunião mediúnica do "Alvorada Nova".

— É nosso convidado, meu irmão. Não é e jamais foi nosso prisioneiro. Temos uma proposta a fazer – comentou Alfredo que tinha Cipriano bem próximo a ele especificamente nessa sessão.

— Proposta?! Mas que interessante! E o que vocês teriam que seria do meu interesse?

— O amor de Samia novamente a quem você ama até hoje, meu irmão.

— Agora se atrevem em saber os meus sentimentos! Quem disse que eu amo essa mulher da qual me separei há um bom tempo?

— Quem diz isso não somos nós. É o seu ódio que não passa do amor temporariamente magoado. Como o ódio é finito e o amor infinito, você a ama até hoje e a amará para sempre porque o amor é invencível, Osman!

Cipriano amparava de maneira bastante intensa a intuição de

Alfredo no diálogo dessa noite, que poderia trazer imensos benefícios a todos, principalmente ao agressor.

– Ora! Como são insolentes e atrevidos!

– Mas nossa proposta não se encerra somente no amor de Samia. Mas no amor paternal que está dentro de você por Ayla, meu amigo!

Diante dessa nova colocação o espírito fez uma pausa, o que permitiu a Alfredo, amparado por Cipriano, continuar:

– O amor te propõe a volta a esses dois amores que você abriga em seu coração até hoje e para sempre!

– E por acaso sabem onde as duas se encontram? E por acaso detêm o poder de promover um encontro desses? Quem pensam que são, senão escravos do Cordeiro?

– Se duvida que o amor seja capaz de tal façanha, o que tem a perder, meu irmão?

– Tenho a perder o tempo que dedico à minha vingança!

– E ser feliz ao lado das almas queridas é menos importante do que a sua vingança? Ter paz ao lado dos amores de outrora é menos importante do que espalhar a dor que também o atinge e o impede de ser feliz como pode ser? Pense bem, meu amigo!

– Não acredito em vocês! Estão querendo uma trégua porque sabem que perderam a guerra!

– Todos os sofredores enquanto não se modificam são perdedores, Osman. E você é um sofredor. A sua sede de vingança através dos séculos roubou-lhe a paz e o direito de ser feliz. Vive mergulhado no mesmo sofrimento que cria em sua volta. É como se alguém pulasse dentro de uma poça de barro para enlamear as pessoas em volta e acaba se chafurdando na lama, meu amigo. Pense bem. Se acredita que estamos mentindo ou tentando te enganar, estaremos aqui para que nos procure e nos cobre. Ou se preferir, que nos dê o troco por ter mentido para você. Sabe como e onde nos encontrar. O que estaríamos ganhando tentando enganá-lo se não podemos nos esconder? Pense, Osman! Samia e Ayla! Viver novamente junto aos seus amores! Não há nada no mundo melhor do que isso, meu irmão! Nenhuma vingança, por mais bem-sucedida que seja, supera as alegrias e a paz que o amor pode proporcionar!

O espírito manteve-se em silêncio. Alfredo continuou sob a forte influência de Cipriano que praticamente falava por meio dele.

– Mas se acha pouco a proposta do amor, ele tem mais a lhe oferecer. O seu algoz do passado irá ressarci-lo do mal que lhe fez.

– Agora já é demais! Aquele maldito jamais me fará o bem se foi capaz de me prejudicar tanto no passado!

– Disse bem, Osman. No passado! Muito tempo já se passou. O ódio de outrora foi trabalhado pelo amor capaz de modificar as criaturas! O que tem a perder diante dessa possibilidade tão maravilhosa que o amor está lhe oferecendo, meu irmão?

Novo silêncio do espírito.

– Estão brincando comigo?! Não viram do que sou capaz? Se estão tentando me fazer de palhaço irão se arrepender amargamente!

– É exatamente isso que queremos que entenda. Se estivermos mentindo ou tentando enganá-lo sobre os seus amores e a reparação do mal que recebeu outrora, não temos onde nos esconder. Poderá nos encontrar e vir à forra. O que tem a perder, Osman? Pense bem!

– E como isso é feito? Por acaso têm um instrumento capaz de fazer magias? Uma vara de condão?

– Não seremos nós que providenciaremos tudo o que está sendo oferecido a você, mas sim o amor. Nós nos responsabilizamos por tudo o que esse amor sem limites está lhe propondo. Aceite, meu amigo! Só tem o que lucrar!

Tornou a ficar em silêncio o obsessor.

– Vou analisar bem o que estão propondo. Não pensem que podem me enganar como fazem com muitos outros!

– Analise. Mas não perca tempo em ser feliz e viver em paz adiando sua decisão. É a sua felicidade que está em jogo! É a sua paz que está bem próxima se aceitar! São seus amores que o envolverão novamente nas carícias que somente ele é capaz de proporcionar, Osman!

– Não vou responder nada por ora! Vou analisar a proposta de vocês com muito cuidado. Com extremo cuidado! Não confio em vocês! Mas caso resolva me arriscar, aceitando, onde devo procurá-los?

– Não se preocupe com isso. O amor o encontrará onde estiver e quando quiser. Seja breve para ser feliz outra vez, Osman!

O espírito encerrou a comunicação e partiu sem mais nenhuma outra manifestação.

Como era hábito do grupo mediúnico, aquela noite reuniram-se novamente para o aprendizado que podia ser extraído das comunicações, mas a opinião era unânime sobre o que teria ocorrido em relação ao obsessor Osman.

– Alfredo, para ser feita essa proposta a Osman, só mesmo os benfeitores do plano espiritual, não concorda? – comentou um dos componentes do grupo enquanto os demais permaneciam em respeitoso silêncio dado à magnitude dos ensinamentos ouvidos no diálogo com o espírito infeliz.

– Não tenhamos dúvidas, amigos! Nada temos e nada somos para propormos tudo o que foi proposto a Osman. Creio que nosso mentor Cipriano falou diretamente com ele apenas utilizando-se das minhas palavras! Em cada frase sentia a presença dele ao meu lado mais perto do que das outras vezes.

– E isso significa que os espíritos amigos possuem planos para Osman, não é? – continuou a comentar o mesmo componente do grupo que iniciara a conversa.

– Deus e Jesus sempre têm os melhores planos para todos nós, meus amigos! Basta não atrapalharmos com o nosso orgulho! Aguardemos com muita fé os bons frutos que a reunião de hoje trará para Osman e para os envolvidos no mecanismo de vingança dele. Aguardemos confiando!

⊷———⋘ ∘ ⧖ ∘ ⋙———⊶

O TEMPO PROSSEGUIU A sua marcha como sempre. Vários meses se passaram.

Álvaro, lançando mão da devida dose de humildade e amor pela família, retornou ao antigo ambiente de trabalho com seu pedido de desculpas pelos deslizes cometidos e pedindo uma nova oportunidade para continuar no emprego no que foi atendido pelo fato de sempre ter sido um bom funcionário.

A amiga Elisa exultou de alegria pela conquista do amigo. Luiz, conduzido pelo orgulho e vaidade exacerbados não teve a mesma atitude, o que impediu o reencontro dos dois no mesmo ambiente, e que foi altamente positivo para Álvaro.

Em relação a Alexandra, continuavam bons amigos com a grande diferença de que Álvaro nunca mais tentara nenhuma insinuação junto à jovem, que agora já tinha compromisso sério junto ao seu namorado, um bom rapaz e tudo indicava que seguiam em direção ao noivado e matrimônio.

O trabalho do grupo de atendimento fraterno mantinha-se firme e com mais colaboradores do que antes.

Alfredo e Floriano prosseguiam em suas respectivas tarefas, sempre procurando servir mais e melhor.

Apenas no lar de Álvaro o ambiente permanecia o mesmo. Valéria guardava ressentimento por conta das acusações que ouvira pelo telefone naquela infeliz manhã. Embora as tentativas de aproximação do marido ocorressem de vez em quando, ela mantinha-se a distância, sempre justificando que queria provas sobre a denúncia que recebera sobre ele e Alexandra.

Álvaro respeitava a decisão da esposa e prosseguia no cumprimento de suas obrigações junto ao lar, no trabalho e na casa espírita.

Valéria, apesar dos convites constantes do marido, se recusava a participar do grupo de atendimento fraterno por causa da presença de Alexandra junto a ele.

Tudo enfim transcorria em relativa paz quando num determinado dia Floriano foi chamado às pressas para um fato inusitado, relatado por uma trabalhadora da casa muito espantada:

– Senhor Floriano! Deixaram um bebê recém-nascido dentro de uma caixa no portão de nossa casa espírita!

Floriano dirigiu-se juntamente com outros trabalhadores do local até o pequenino ser envolvido em trapos e chorando muito e agitando as mãos e pezinhos dentro do "leito" improvisado.

Imediatamente a criança foi recolhida e sob a coordenação de Floriano recebeu os primeiros atendimentos como banho, roupas limpas e uma bela mamadeira de leite em pó que a instituição tinha para distribuir para gestantes sem condições financeiras.

As mulheres do grupo ficaram encantadas com o pequeno menino que foi passando de colo em colo recebendo o carinho de cada uma delas.

O encanto do momento foi quebrado pelas palavras coerentes e sábias de Floriano:

– Precisamos avisar as autoridades competentes para assumir o caso, minha gente. Não podemos ficar com essa criança por aqui como se fosse um patrimônio da nossa casa espírita.

Um sonoro e ingênuo "Ah!" foi ouvido partindo de quase todos os presentes.

– Sim, meus companheiros e companheiras! Precisamos e vamos avisar as autoridades para que encaminhem a criança de acordo com o que prevê a lei! Entretanto, resta um consolo para quem daqui quiser assumir a responsabilidade pelo menino: inscrevam-se como adotantes como preconiza a lei de adoção. Creio que pelo trabalho que nosso centro desenvolve junto às gestantes, poderemos ter um voto a mais em favor de quem se candidatar, mas tudo precisa ser feito de acordo com as leis.

E assim o pequenino foi levado pelas pessoas encarregadas desses casos, tendo sido acompanhado com o olhar de tristeza da maioria dos presentes.

Álvaro condoeu-se com a situação do menino que já vinha ao mundo sem um lar e abandonado pela própria mãe sabe-se lá por que motivos! Uma tristeza muito grande invadiu o coração do pai de Bruna, que se lembrou de todo o carinho que a menina recebia dele e de Valéria.

De retorno ao lar, narrou para Valéria o ocorrido deixando transparecer sua tristeza pela sorte do pequeno ser. A esposa não demonstrou nenhuma tristeza pela criança, apenas comentando que a volta à carne era mais preocupante do que a desencarnação pela possibilidade de acontecer a qualquer um a mesma situação que vitimara aquela criança.

Álvaro recolheu-se ao leito com o coração apertado pelo pequenino e adormeceu rapidamente.

De tão pesaroso que estava sobre a situação daquela criança que não se afastou muito do corpo quando o espírito se desvinculou parcialmente pelo sono do veículo físico.

Ao seu lado no ambiente do próprio quarto, começou a ouvir uma voz suave e muito calma que lhe inspirava extrema confiança:

– Álvaro, meu irmão. Lembremo-nos de Jesus quando anunciou que estava nu e o vestimos referindo-se ao ato de fazer isso a qualquer um dos menores irmãos que encontrássemos no mundo. E podemos acrescentar o mesmo àquele que estava sem lar e o recebemos em nossa própria casa! O pequenino de hoje deixado à porta da casa espírita é uma ave sem ninho que precisa de um lugar de acolhimento entre os homens! Bendito aquele que consegue sentir a dor e a necessidade de seu próximo e socorrê--lo! Seu coração está certo, meu amigo! Siga-o e será conduzido à conquista da paz e da felicidade na Terra!

Álvaro despertou súbito desse sonho. Valéria dormia de maneira muito calma. Foi até o cômodo onde a filha também repousava tranquila.

Afastou um pouco a cortina da janela do quarto de Bruna e contemplou ao longe uma estrela solitária que piscava ritmicamente para o mundo dos homens. Lembrou-se dos olhinhos do menino enquanto era levado pelo pessoal autorizado em recolher crianças abandonadas mal tinham nascido...

Passou o restante daquela noite acomodado num sofá aconchegante da sala para não atrapalhar o sono da esposa.

Enquanto cobria-se com um lençol limpo e cheiroso tornou a lembrar-se do pequeno envolvido em trapos dentro de um caixote de papelão mal começara a vida nesse mundo de tantas asperezas.

Acordou um pouco antes da filha e de Valéria e providenciou a mesa para o café da manhã.

Estava imbuído de uma firme decisão. De uma perigosa decisão junto à esposa!

Valéria sentou-se à mesa do desjejum matinal e juntos cada um serviu-se do que desejava na mesa farta da casa.

Álvaro estava mais silencioso do que nos outros dias.

Assim que a filha deixou o local e foi para o quarto escolher as roupas do dia que depois a mãe supervisionaria, arriscou dar início ao seu perigoso plano:

– Valéria. Passei a noite pensando naquela criança abandonada na porta do centro.

– E daí, Álvaro?

– Daí que pensei que poderíamos nos candidatar a adotá-la – disse entre tímido e temeroso.

A xícara que Valéria tinha em uma das mãos bateu secamente sobre o pires.

– Você enlouqueceu, Álvaro?! Procure um médico! Não percebeu que nossa situação continua a mesma? Estou à espera das provas sobre aquele telefonema com insinuações entre você e Alexandra!

– Valéria! A moça está apaixonada e pretendem ficar noivos e se casar e você ainda insiste nesse assunto?!

– Provas, Álvaro! Provas e não conversas! – disse e levantou-se da mesa em direção ao quarto de Bruna.

Álvaro por sua vez deixou a casa e dirigiu-se para o trabalho tremendamente entristecido!

Capítulo 22

O AUXÍLIO INESPERADO

ÁLVARO CHEGOU AO LOCAL de trabalho com o coração amargurado pelo ambiente do lar.

Mais precisamente pela frieza que Valéria implantara na convivência entre os dois.

Elisa percebeu as emoções do amigo naquela manhã e buscou dialogar com ele para melhorar-lhe o ânimo visivelmente comprometido.

– E aí, amigo? Como vão as coisas? Estamos felizes por tê-lo de volta ao nosso convívio no trabalho. Você merece essa nova chance. Os fatos passados já foram esquecidos e agora tudo está de volta à normalidade.

– Sinto isso aqui na empresa, minha amiga. Veja só que estranho: encontro tranquilidade em meu trabalho, mas em casa o ambiente não se modifica por mais que eu tente. Aquele bendito telefonema para Valéria levantou uma barreira entre nós dois que não estou conseguindo ultrapassar! O mau-caráter do Luiz foi bem-sucedido na sua vingança, Elisa!

A moça tamborilou por instantes os dedos da mão direita sobre a mesa de Álvaro como se pensasse em algo e depois perguntou:

– Álvaro, você e Valéria estarão em casa hoje à noite?

– Tudo indica que sim, Elisa. Praticamente não saímos mais porque ela se recusa. Como hoje não tenho compromisso no centro espírita, creio que estaremos em casa, sim. Mas por quê?

– Preciso conversar um assunto com você e a sua esposa. Segredo por enquanto. Creio que em seu lar será mais tranquilo. Se não forem realmente sair, me confirme pelo telefone e darei um pulo até lá. Combinado assim, meu amigo?

– Claro! Será um prazer recebê-la.

– Ânimo que tudo vai mudar! Prometo.

Álvaro sorriu e agradeceu a conversa que fez bem à sua parte emocional.

Confirmada a presença do casal em sua residência, para lá se dirigiu Elisa.

Álvaro a recebeu com alegria.

Valéria apenas socialmente.

Bruna já tinha se recolhido ao sono da noite, o que facilitou a conversa entre os três.

– Sei que podem estar se perguntando o que estarei fazendo na casa de vocês, já que nunca estive por aqui. Vim porque quero expor um assunto que tenho guardado há algum tempo e creio ter chegado a hora de falarmos sobre ele.

Álvaro mostrava-se interessado na conversa. Já Valéria não revelava interesse algum, apenas participando dela por respeito à visita.

– O que tenho para revelar a vocês, Álvaro e Valéria, está registrado no gravador do meu celular. Gostaria que ouvissem com atenção. Fiz a gravação em uma reunião social que tivemos com alguns companheiros lá do escritório e, particularmente, convidei Luiz propositadamente. A conversa foi com ele, que já tinha bebido uma quantidade razoável como é do hábito dele em festas onde comparece.

Ao ouvir o nome de Luiz, Valéria levantou-se da mesa contrariada.

– Não quero ouvir nada desse homem que já nos prejudicou o suficiente fazendo que Álvaro ficasse desempregado por um tempo! – disse em tom de mau humor.

– Pois ele prejudicou a vida de vocês dois muito mais do que pensa, Valéria! – retrucou firme Elisa. – Por isso creio que deve ouvir atentamente o que gravei. Prometi a Álvaro que iria ajudá--lo e por isso estou aqui.

– Vamos ouvir, Valéria. Não sei do que se trata, mas vamos levar em consideração a boa vontade de Elisa!

Valéria cedeu sentando-se novamente, mas com sinais de ir-ritação evidentes.

– Vou ligar o gravador do celular para que ouçam Luiz fa-lando pessoalmente. Poderia apenas repetir o que ele disse, mas creio que ficarão mais convencidos ouvindo diretamente o diálo-go que tive com ele naquela noite em que nos reunimos.

Pegou o celular da bolsa, colocou-o sobre a mesa e acionou o gravador:

– E agora, Luiz? Você e Álvaro perderam a cabeça por bo-bagem e também o emprego. O que deu em vocês dois naque-le dia?

– O dom Juan do Álvaro queria a bela só para ele! Eu sou sol-teiro! Tenho mais direito do que ele que é casado!

– Quem é a bela a quem você se refere? A Alexandra que es-teve em nosso trabalho quando Álvaro passou mal?

– É essa mesma! Ô mulher bonita! Deixa qualquer ho-mem louco!

– Mas você não sabe que Alexandra e Álvaro são bons ami-gos? Inclusive têm a mesma religião?

– Amigos?! Eu bem vi como ele olhava para ela! Era o olhar de homem para uma mulher linda!

– Mas você mesmo não está repetindo e enfatizando a beleza da moça? Que mal há em que Álvaro também reconheça que ela seja bonita? Isso prova que tenham alguma coisa além de uma amizade sincera?

– Que nada! Homem não tem amizade por mulher bonita! Tem é desejo! Muito desejo!

– Você está julgando os outros por você mesmo, Luiz. Não é porque você pensa dessa maneira que Álvaro se comporta assim!

– Mas eu o vi ir até a casa dela depois daquele dia no escritório. O que ele foi fazer lá?

– Continua a julgar os outros por você, Luiz! Você viu Álvaro indo à casa de Alexandra porque são amigos. Por acaso os viu entrando em um motel ou hotel que aceita encontro de casais? Viu isso?

– Não. Isso não vi. Mas lá dentro da casa dela eles...

– Na casa dela moram os pais de Alexandra, Luiz! Está vendo como julga as atitudes de Álvaro de acordo com os seus conceitos?

– Mas ele não quis me apresentar à bela! Eu sou solteiro e tenho esse direito!

– E por isso pegou raiva dele! Não apresentou Alexandra a você porque percebeu as suas intenções a respeito dela. E como os dois são amigos, quis protegê-la de suas intenções em relação à moça. Você que está criando em sua mente situações que nunca existiram!

– Se eram só amigos, por que ele me agrediu por causa dela?

– Ora, Luiz! Um irmão não protege a irmã de indivíduos mal--intencionados? Um amigo verdadeiro faz o mesmo! Percebe que vê malícia em tudo e em todos? Não estariam as más intenções dentro de você mesmo e não nas atitudes de Álvaro?

– Não quero saber! Essa conversa já está me cansando! Ele me bateu, me humilhou perante todos lá no escritório, mas eu me vinguei!

– Vingou?! Mas vocês dois perderam o emprego! Onde está a vingança se os dois foram demitidos?

– Como você não sabe das coisas, Elisa! – disse rindo alto. – Perdi o emprego, mas sou solteiro! Ele é casado, tem família! Quem levou a pior?

– Mas que vingança mais fraca, Luiz! Saiu perdendo junto com ele!

– Aí é que você se engana, minha cara! As coisas não pararam por aí! Não! Minha vingança foi além! Muito além!

– Não estou entendendo, Luiz!

– Mas já vai entender. Peguei meu celular e liguei para mulher dele! E destilei o veneno da dúvida na cabeça dela! Ah! Só faltou eu ver a cara dela quando falei que o marido estava tendo um caso com a bela! – disse gargalhando muito.

– Você teve a coragem de inventar essa intriga sem nenhuma prova, Luiz?

– Tive! E espero que ele esteja pagando caro! Muito caro! Não tive a bela para mim, mas espero ter acabado com o casamento dele! Ainda acha que a minha vingança foi fraca, companheira?

Elisa desligou o gravador do celular. O silêncio imperava na sala. Valéria continuava sentada com o olhar distante.

Elisa quebrou o silêncio:

– Foi por isso que vim incomodá-los na noite de hoje. Queria que ouvissem as declarações de Luiz na própria voz dele. Creio que fica claro que o telefonema anônimo comprometendo Álvaro e Alexandra foi de autoria dele. Infelizmente, o ser humano é capaz de tomar atitudes, quando movido pelo desejo de vingança, as mais absurdas possíveis! Não sei a opinião de vocês depois de ouvi-lo, mas me parece que Luiz agiu como criança birrenta que desejava determinado brinquedo e não conseguiu. Aí começou a se jogar no chão e a sapatear. Creio também que se Alexandra fosse levar a sério as insinuações dele, poderia até processá-lo por difamação e calúnia.

Em resumo, espero ter podido auxiliá-los nessa confusão toda, fruto de um cérebro imaturo ou maldoso para ter tido a coragem de fazer o que fez.

Inesperadamente e para grande surpresa de Valéria e Elisa, foi Álvaro quem resolveu falar:

– Elisa, te agradeço muito, minha amiga! Não sabe o quanto nos ajudou. Mas preciso fazer algumas colocações que minha consciência pede. Não nego que admiro a beleza de Alexandra como um homem normal que sou. Nisso Luiz está certo. Seria hipócrita se negasse. Também fui à casa de Alexandra por conta da confiança que sinto na pessoa dela em meus momentos de intranquilidade. Creio, mesmo, segundo a crença na reencarnação por ser espírita, que podemos até ter sido mais do que amigos em outras existências. Por esses meus sentimentos e atitudes em relação a ela, peço perdão a Valéria. Ela não merece que eu tenha sentido e agido dessa maneira. Poderia ter omitido essa parte da minha confissão, mas minha consciência pedia isso. Espero que minha esposa releve essas minhas fraquezas em nome de tudo de bom que já construímos juntos. Releve em benefício de nosso lar e de nossa filha. Errei, sim, mas como não podemos voltar e mudar o que foi feito, espero que eu tenha a oportunidade de prosseguir junto à Valéria e Bruna e fazer diferente daqui para frente. Infelizmente, de minha parte, nada mais posso fazer porque o tempo não volta. Quanto às insinuações de Luiz são tremendamente injustas para com Alexandra, que sempre se comportou em relação à minha pessoa como uma verdadeira amiga. Nada mais do que isso!

Elisa estava surpresa com as palavras inesperadas de Álvaro.

Valéria mantinha-se impassível depois de tudo o que ouvira. Talvez "perplexa" descrevesse melhor o seu estado de ânimo.

Despediu-se cortesmente da visita que logo partiu e recolheu-se ao leito.

A noite desceu suavemente sobre os habitantes daquela região do planeta.

Álvaro permaneceu meditando sozinho no sofá confortável da sala e pedindo a Deus que Valéria reconsiderasse sua posição em relação a ele depois de tudo o que ouvira naquela sala.

"Minha consciência não está completamente em paz, eu sei! Não revelei que cheguei a beijar Alexandra e a desejar realmente. Mas se chegasse a esse ponto, talvez não tivesse mais oportunidade de me redimir daqui para frente como pretendo junto a Valéria. Foi uma omissão com a melhor das intenções. Deus é testemunha. Sei que vou responder por isso. Talvez receba um indulto para esse meu erro já que o amor cobre a multidão dos pecados como ensinou o apóstolo Pedro. E é exatamente o que irei fazer daqui para frente. Amar incondicionalmente minha esposa e minha filha!"

Aquietou os pensamentos. Acomodou-se da melhor maneira no sofá. Puxou uma coberta por sobre o corpo e adormeceu pensando no menino abandonado, mal nascera, às portas do "Alvorada Nova"!

Capítulo 23

O BEM PROSSEGUE

A MENTE DE VALÉRIA se esforçava para processar tudo o que ouvira na conversa com Elisa e o marido.

Um turbilhão de lembranças se entrechocava em seu cérebro.

O que pensar daquilo tudo? Era preciso um momento de paz onde pudesse ordenar as informações surgidas naquela noite, mas não estava disposta a perturbar seu sono por mais uma noite. Já bastavam as noites maldormidas e atormentadas por hipóteses as mais diversas.

Antes de deitar abriu a janela do quarto e contemplando as estrelas que disputavam um espaço na via láctea, ficou a pensar se em algum mundo daqueles que pululavam no espaço sideral haveria a paz e a felicidades verdadeiras.

"Quantos milênios mais para alcançar uma morada na casa do Pai onde a humanidade se livrasse de tantas imperfeições e sofrimentos que desfilavam incansáveis por entre homens orgulhosos e egoístas?" – pensou Valéria.

E ali mesmo, contemplando o céu estrelado daquela noite, pediu forças para prosseguir enfrentando os obstáculos daquela existência.

Deitou-se e um sono rápido e manso balsamizou-lhe a mente, proporcionando um relaxamento profundo do corpo físico.

Em espírito viu-se num recanto em que seus pés tocavam um tapete verde à semelhança de um belo gramado da Terra.

Pássaros desconhecidos traçavam no ar suave daquele lugar seus caminhos em busca de algo que sempre encontravam porque estavam felizes.

Flores das mais variadas cores e formas despontavam em diversos lugares num festival silencioso de alegria e esperança.

Conforme fixava seu olhar em uma delas, o perfume característico buscava espontaneamente suas narinas sem que tivesse que fazer nenhum esforço.

O sol acariciava e aquecia a tudo como uma bênção de luz.

Valéria ouvia uma voz que parecia partir de todos os cantos e recantos daquele lugar encantador.

– Valéria, minha filha! Na casa do Pai só há espaço para o amor! O ódio será banido do coração de todas as criaturas que foram criadas para amar! O perdão é o maestro do amor que rege a música da paz e da felicidade! Todos nós precisamos dele! E, por isso mesmo, todos precisamos aprender a conceder o perdão incondicionalmente como Jesus o fez no auge dos sacrifícios que lhe impusemos! Desprendendo-se do veículo físico amando a toda a Humanidade quais foram suas últimas palavras senão sobre o perdão? Por amor continua conosco até a consumação dos séculos! Se o temos realmente por modelo e guia, não podemos negar o perdão àqueles que nos ofendem. Se hoje perdoamos, amanhã seremos os necessitados do perdão!

"Como praticar a caridade fora da qual não há salvação negando-nos a perdoar? Como amar o semelhante negando-nos a perdoar? Como amar a Deus negando-nos a perdoar Seus filhos incondicionalmente como fez Jesus?

"O perdão é a arma poderosa dos fortes! O ódio é a arma frágil e passageira dos fracos! Se a vida nos proporciona oportunidades para sermos fortes, porque escolhemos ser fracos agredindo, revidando, odiando a quem podemos e devemos perdoar?

"Qual vai ser sua escolha no atual momento de sua existência? A distância entre a Terra, planeta de provas e expiações, e os mundos felizes é inversamente proporcional à nossa capacidade de amar e perdoar. Encurte essa distância, Valéria!"

O corpo físico de Valéria continuou adormecido pelo restante daquela noite. Nada mais sonhou.

Quando Álvaro acordou pela manhã preocupado em providenciar a mesa para o café, ela já estava pronta.

Ao dirigir-se ao quarto para tomar seu banho e providenciar as roupas para mais um dia de trabalho, Bruna, que já estava desperta e segurando numa das mãos da mãe, disse ao pai:

– Bom dia, papai! Não se atrase para o nosso café.

"Seria possível aquela cena que há tanto tempo não acontecia em sua casa ou estaria sonhando como acontecera naquela noite de tempestade terrível em que teve o pior dos seus pesadelos?" – perguntou-se inundado de felicidade.

– Sabe, papai! O lobo mau não apareceu mais em nossa casa!

– Que bom, filha! Acho que ele se cansou de ser mau, não é?

A menina não respondeu. Soltou da mão da mãe e correu sentar-se à mesa aguardando pela presença do pai que não demorou.

Assim que a pequena deixou a mesa, Valéria abriu diálogo com o marido.

– Depois daquela conversa com a Elisa ontem, resolvi que iremos recomeçar, Álvaro. Mas recomeçar para fazer um presente diferente para todos nós três.

– Sim. Claro, Valéria! É também o meu propósito – respondeu feliz.

Terminado o café, levantou-se e aproximou-se meio receoso e beijou a face de Valéria.

– Bom trabalho! – foi a resposta dela.

E antes que ele radiante de alegria saísse do interior da casa, ela falou-lhe:

– Veja se consegue mais informações do menino abandonado na porta do centro. Podemos ajudar a mãe de alguma maneira para que ela não abandone a criança.

– Claro! Se conseguir alguma notícia eu lhe comunico. Primeiro ela precisa ser encontrada pelas autoridades encarregadas desses casos de abandono. Na maioria das vezes conseguem, mas em outras essas moças desesperadas desaparecem mudando-se para lugares distantes. Até mesmo de Estado! Se não for localizada ou se resolver colocar a criança para adoção vai despender algum tempo.

– Espero que não demore muito, Álvaro. Quanto mais tempo, mais o pequeno ficará distante de um amor que possa suprir a falta da mãe biológica.

Quando chegou ao local onde trabalhava, Elisa teve a felicidade de ver um amigo totalmente renovado no ambiente de trabalho.

"O telefone foi o meio da maledicência. Me parece que o telefone com a conversa que gravei foi também o veículo da pacificação entre Álvaro e Valéria. Que bom!" – pensava Elisa enquanto observava Álvaro conversando feliz com outros companheiros, depois de abraçá-la e beijá-la no rosto.

A paz renascia como um tenro broto de planta no lar de Valéria e Álvaro e no trabalho dele, refletindo a pacificação das almas que reiniciavam no caminho do bem!

O calendário dos homens prosseguia sua marcha e o trabalho

de atendimento fraterno continuava firme no Centro Espírita Alvorada Nova, tendo mais um dos frequentadores na pessoa do agora noivo de Alexandra que não era espírita, mas demonstrava interesse em conhecer essa atividade da qual ela participava.

Numa das tardes, para surpresa de todos os componentes do grupo, Valéria apareceu junto com Bruna, que logo procurou o local dedicado a receber as crianças dos pais que se dedicavam ao trabalho.

Todos ficaram muito felizes, em especial Floriano e Álvaro, evidentemente.

– Que grata surpresa, Valéria! – disse abrindo os braços para receber a visitante o coordenador do grupo.

– O mesmo digo eu, senhor Floriano. Mas vim por um motivo especial!

– Nossa! E que motivo tão poderoso seria esse, minha amiga?

– Queria notícias daquele menino que foi abandonado aqui no centro.

– Pois é, Valéria. Parece-me que a jovem mãe não foi encontrada. Eu colaborei com as autoridades passando as informações das mães que assistimos por meio do nosso centro, mas tudo em vão. A moça deve ter fugido para local distante, talvez até para outro Estado, com medo das consequências. Nos hospitais da cidade ela não compareceu. Deve ter dado à luz de maneira bastante precária em sua casa mesmo. E depois, desesperada, envolveu o recém-nascido em trapos e o deixou por aqui. Agora ele está para adoção por meio das exigências que as leis preveem. Mas o que a criança tem a ver com a sua grata presença por aqui, minha filha?

Valéria não respondeu de imediato. Procurou pelo marido e encontrando-o junto aos demais trabalhadores, pegou-o em uma das mãos e retornaram juntos onde estava Floriano.

– É que nós, Álvaro e eu, queremos entrar na fila para adotá-lo. O senhor acha que temos chances?

– Claro que sim! Que ótimo! Constituem um lar que pode dar ao pequeno o abrigo que ele necessita com muito amor! Da minha parte, no que puder colaborar, estou à disposição para referendá--los ao serviço social encarregado de cuidar das exigências das leis.

Álvaro exultava de alegria! Não se esquecera do menino. Abraçou longamente a esposa! E teve uma ideia!

Chamou Alexandra e o noivo até a presença deles.

– Alexandra! Quero lhe fazer um convite!

– Mas o que foi?! O que está acontecendo por aqui no dia de hoje?! É só surpresas agradáveis! Espero ouvir mais uma!

– Você está convocada, com o seu noivo, a ser madrinha do menino que foi aqui abandonado caso eu e Valéria consigamos adotá-lo!

– Mas, madrinha, como? No espiritismo não existe batismo e nenhuma outra comemoração que possa se assemelhar para comportar uma madrinha, Álvaro?

– Madrinha no sentido de participar da vida dele e de auxiliá-lo em tudo o que estiver ao seu alcance, colaborando conosco até que ele se transforme em um homem útil à sociedade e ao próximo, minha amiga!

– Se é nesse sentido, eu também me candidato a padrinho! – colocou Floriano – vamos colaborar de todas as maneiras para que o amor da mãe biológica seja sobrepujado com sobra, muita sobra!

– Ótimo! Nosso agradecimento a todos! Vamos investir todos os nossos esforços para que consigamos essa adoção! E para comemorar os padrinhos e madrinhas antecipados, mãos ao trabalho no serviço do atendimento fraterno! Vem conosco também, Valéria? – perguntou à esposa.

– Vou, sim. Mas até o novo membro lá de casa não chegar! Depois serão a Bruninha e ele para cuidar e ficará mais difícil!

Abraçaram-se todos felizes com as metas estabelecidas e retornaram ao serviço do trabalho em favor dos semelhantes.

Capítulo 24

PROMESSA CUMPRIDA

COMO A MÃE DA criança abandonada às portas do centro espírita não fora encontrada, o recém-nascido entrou no processo de adoção de curso mais rápido porque, nesses casos, não há a possibilidade de reinserir o abandonado no seio da família consanguínea.

Álvaro e Valéria esperavam confiantes que fossem conseguir consumar a adoção.

Ela até já conversava com a filha para os primeiros esclarecimentos sobre o novo componente da família.

– Bruna, minha filha! Você vai ganhar um irmãozinho!

A menina olhou para a mãe, apontou a barriga de Valéria e perguntou:

– Mas onde ele está, mamãe? Sua barriga não cresceu!

A mãe sorriu, pegou a filha no colo e, pacientemente, explicou:

– Bruninha, existem os filhos que nascem da barriga e do coração da mãe. E existem os filhos que nascem só do coração. Os dois são filhos do mesmo jeito.

E a criança em sua ingenuidade comentou:

– Crescem no coração da mãe?

– Isso, minha filha! Em vez de crescer na barriga, crescem no coração, banhado de muito amor! Esse irmãozinho que vai chegar cresceu no coração do papai, no meu coração e no seu, minha filha!

– Mas não dava para ser uma menina? Assim a gente brincava juntas!

– Dessa vez ainda não, minha filha. Mas da próxima vamos providenciar uma menina para nossa casa, tá bem?

Bruna ficou em silêncio procurando entender o que Valéria estava explicando.

– Você me ajuda a cuidar dele? Como ele é muito pequeno você pode me ajudar como uma segunda mãezinha para ele! Você me ajuda, filha?

– Eu ajudo. Se o lobo mau aparecer aqui em casa, não vou deixar ele assustar o menininho!

– Isso mesmo! Ele é o seu irmão e deve cuidar dele com muito amor, minha filha!

A pequena deixou o colo materno e foi brincar com suas bonecas, contando para elas a novidade sobre o novo irmão.

O processo de adoção transcorreu sem muita demora e logo o menino abandonado tinha um lar com muito amor para reiniciar sua nova existência na Terra. Álvaro e Valéria tinham conseguido a adoção.

Com a chegada do pequeno ser, o lar deles vivia mergulhado em muita alegria e muita paz.

Bruna vigiava o berço e o quarto do irmão para que o temido lobo mau não aparecesse e assustasse o menino.

Alexandra comparecia quase todos os dias para paparicar o seu "afilhado", e sempre que possível o tinha nos braços como se apresentasse a quem estivesse interessado uma valiosa joia.

Valéria amava o filho com a mesma intensidade do amor dedicado a Bruna.

Álvaro procurava envolver-se com ele considerando que era o seu primeiro filho do sexo masculino, mas quando a criança era levada ao colo paterno, chorava de forma sentida e ninguém entendia o motivo de suas lágrimas. O choro só cessava quando outra pessoa da família, tais como Bruna ou Valéria o acarinhava no colo. Alexandra também tinha esse "poder" de acalmar o pequeno.

Álvaro ficava muito sem jeito com esse acontecimento que se repetia sempre que ele arriscava pegar a criança. Representava para ele uma grande frustração a atitude do menino.

Valéria procurava intervir suavizando a situação:

– Ele vai acostumar-se com você, querido. Não fique aborrecido. Como é muito paparicado pelas outras pessoas, pode se dar ao luxo de escolher o colo que mais o agrada.

Álvaro dava um sorriso como se a explicação o satisfizesse, mas no fundo sempre se perguntava o que seus braços tinham que incomodavam o filho. Explicar apenas como uma coincidência a atitude do menino fugia das possibilidades matemáticas.

– Mas é só comigo que isso acontece, Valéria! Alexandra nem parente dele é e veja como se mantém feliz nos braços dela! Com você e Bruninha acontece o mesmo! Quando chega a minha vez é esse berreiro todo.

Para descontrair, Valéria brincava:

– É porque ele é homem! Só se sente bem em braços femininos! – e ria abraçando o marido.

Enquanto as coisas assim se passavam no plano dos encarnados, na dimensão espiritual Cipriano reunia os espíritos que o haviam acompanhado durante todo o tempo de socorro prestado no desenrolar do drama envolvendo encarnados e desencarnados, para extraírem as lições que o sofrimento proporciona.

– Prezados irmãos, companheiros da honra de servir ao

nosso mestre Jesus levando o socorro da misericórdia Divina àqueles que jornadeiam pelas estradas do mundo material como também àqueles que estão em nossa dimensão da vida necessitando de amparo e esclarecimentos. Hoje, com a permissão dos planos mais elevados da espiritualidade, vamos abordar resumidamente a história que tivemos a oportunidade de acompanhar envolvendo Osman, o obsessor, bem como os encarnados atingidos por essa trama sustentada há tantos séculos pelo ódio.

"Ressaltamos sempre que o nosso objetivo é de aprendizado e advertências que cada um dos presentes deve aproveitar para si mesmo segundo a própria consciência. Jamais devemos conhecer a dor do nosso semelhante para a satisfação de nossa curiosidade, mas com o objetivo de levar o socorro de Jesus a todos os necessitados do longo caminho em busca da perfeição para a qual fomos criados.

"O nosso irmão dominado pelo sentimento do ódio vem sofrendo e fazendo sofrer seus perseguidos há séculos. Na época das Cruzadas abraçava a fé muçulmana que merece todo nosso respeito. Maomé não pode ser responsabilizado pelas interpretações errôneas que os homens fizeram e ainda fazem dos seus ensinamentos. Álvaro, encarnado na atual existência e alvo maior do obsessor, na época das Cruzadas tirou a vida física de Osman por duas vezes durante as lamentáveis batalhas daqueles tempos distantes promovidas em nome de Jesus, que é o representante máximo do amor e da paz para toda a Humanidade. Sob o pretexto de libertar os chamados 'lugares santos', batalhas sanguinolentas foram travadas entre irmãos separados por correntes religiosas diferentes.

"Nesse período triste da história dos homens, Álvaro e Osman se agrediram dando origem ao ódio que perdurou até os tempos atuais. Se o obsessor teve sua vida física ceifada nos cam-

O ÓDIO E O TEMPO | 243

pos de batalha, do plano espiritual retornava com a sua vingança, oculto pela invisibilidade e pela descrença dos encarnados na participação em suas vidas daqueles que são chamados até hoje de 'mortos'! Para agravar ainda mais o ódio de Osman, sua esposa Samia e a sua filha Ayla, naquele período da história dos homens, foram levadas como prisioneiras por razões que não importam agora discutir.

"Ocorreu que, pelo tratamento humano e amável que o nosso irmão Álvaro dispensou a Samia e Ayla na pessoa do conquistador daquela época, a esposa de Osman acabou por se afeiçoar a ele. Essa afeição inicial foi num crescendo, o que permitiu que tivessem em existências futuras algumas experiências como marido e mulher. Esse fato fez que Osman se revoltasse contra ela também, embora com menos fúria do que contra Álvaro. A saudade da filha Ayla, que era impedido de reencontrar pelo cultivo do ódio e o desejo de vingança, feriu seu coração por muitos séculos alimentando e aumentando a intensidade dos seus sentimentos negativos.

"Nessa atual existência Samia é Alexandra e Ayla a menina Bruna. Pelos envolvimentos do passado entre Álvaro e Alexandra na pessoa de Samia, tanto quanto pelos novos reencontros que tiveram ao longo do tempo até os dias atuais, nosso irmão sentia essa atração por ela na atual existência. Osman se irritou mais com esse acontecimento, o que o fez voltar-se contra ela também, procurando incentivá-la ao erro de corresponder a essa atração comprometendo-a moralmente e ferindo de morte o casamento entre Valéria e Álvaro. Felizmente não conseguiu o seu intento, mesmo valendo-se das intrigas do companheiro de trabalho do pai de Bruna, Luiz, que foi para ele um instrumento facilmente utilizável.

"Outro fato que torturava Osman era presenciar Ayla nos braços de Álvaro na pessoa de Bruninha. Procurou envolver a menina em seu mecanismo de vingança apresentando-se a ela como a figura de um lobo alterando a sua aparência pelo fenômeno da licantropia, quando então era visto pela criança nessa forma para aterrorizá-la e desequilibrar de maneira mais acentuada o lar do seu inimigo. Daí a origem de Bruna se referir a um lobo mau que vinha atrás do pai dela. Sabedor do fato de que as crianças antes dos sete anos têm a facilidade de perceber os desencarnados, valia-se dessa realidade atormentando a menina para atingir a tranquilidade dos pais, especialmente Valéria. Por isso que ela desde o começo cedeu às intenções do obsessor, valorizando de uma forma anormal os 'sonhos' da filha, o que a levou logo de início a procurar o auxílio do nosso companheiro Floriano.

"Mas como o ódio está condenado à derrota pela força paciente e persistente do amor, dos planos maiores da espiritualidade chegou a proposta feita ao espírito obsessor na última sessão mediúnica em que ele se manifestou. Seria aproximado de seus amores de outrora: Samia e Ayla nas figuras de Alexandra e Bruna na atual existência. O convite de Álvaro feito à Alexandra para participar da vida do menino abandonado não foi por acaso. Sim! Essa criança é a reencarnação de Osman permitida pela misericórdia de Deus. Vai ser irmão de Bruna e, dessa forma, retorna ao amor de Ayla. A convivência próxima de Alexandra, sua 'madrinha', também vai aproximá-lo do amor de Samia de séculos passados. Vejam a grandeza do amor e da misericórdia de Deus!

"Ao retornar como filho adotivo de Álvaro, será reparado dos males que recebeu no passado amparado nos braços paternos da atualidade. Como não existem saltos na Natureza, o menino chora quando nos braços do pai atual pelos atritos severos que existiram entre esses dois espíritos durante tanto tempo e que estão fixados na memória espiritual. Contudo, o amor, na medida em que a criança crescer recebendo o carinho e a atenção do pai dessa existência, cada vez mais irá ganhando forças, acabando por vencer os obstáculos criados pelas desavenças de tantos séculos! É assim que o amor trabalha: paciente e incansavelmente acabando por conquistar a vitória final! E não pensem que a misericórdia de Deus parou somente nesses planejamentos para Osman. Não! Valéria teve a oportunidade de ser sua mãe em outras existências e agora o tem nos braços novamente como filho amado.

"A recusa inicial na adoção que o marido lhe propôs se deveu ao atrito ocorrido entre os dois por conta das maledicências veiculadas por Luiz, o companheiro de trabalho de Álvaro. Mas depois que a raiva inicial, compreensível em nosso estágio evolutivo no planeta Terra, se despediu do seu coração, ela se dedicou de corpo e alma em tê-lo novamente como filho. Dessa forma resumida para esse drama que atravessou séculos, temos a grandiosa lição do amor mobilizado para retirar Osman das garras do ódio que o faz sofrer e levar o sofrimento aos seus semelhantes. A busca pela vingança por parte do obsessor criou um círculo muito longo sustentado pelo orgulho, pela vaidade e pelo egoísmo do ser imortal que ainda não sabe amar a Deus sobre todas as coisas e, por consequência, não sabe amar a si mesmo e nem ao próximo como determina a Lei. Agradeçamos a Deus e a Jesus por mais essa vitória do amor!"

Enquanto o aprendizado acontecia na dimensão espiritual da vida, os encarnados na casa de Álvaro e Valéria reuniam numa ocasião festiva para a escolha do nome do pequeno ser que adentrara o lar pelas portas do amor.

Alexandra e o seu agora noivo, Alfredo e Floriano também estavam presentes, convidados que foram pelo casal.

Valéria fez uso da palavra:

– Bem, pessoal! Hoje, para nossa imensa alegria pela presença dos amigos, vamos escolher o nome do nosso homenzinho! E se todos concordam, vamos pedir a opinião da Bruninha! Qual o nome que você gostaria que o seu irmãozinho tivesse, minha filha?

A menina aproximou-se do irmão que estava nos braços da mãe, olhou um pouco para ele e batendo uma das mãos na outra disse em tom de quem tomava uma decisão muito importante:

– Osmar!

Houve um discreto murmúrio entre os presentes e Valéria comentou:

– Osmar, minha filha?! Por que Osmar?! Seu pai se chama "Álvaro"! Não acha que ficaria bonito o nome do seu irmãozinho como "Álvaro Júnior", meu amor?

– Não, mamãe. "Osmar" é o mais certo!

– Vamos fazer o seguinte. Cada amigo da nossa casa aqui presente vai dar a sua opinião sobre o nome que você escolheu. Vamos fazer assim?

– Certo, mamãe. Mas "Osmar" é o melhor nome para ele.

Todos foram dando sua opinião até que chegou a vez do senhor Alfredo.

– Acho que Bruninha trouxe uma versão atualizada para um nome antigo, Valéria. Eu diria que ela passou perto, muito perto da realidade.

– Como assim?! Creio que ninguém entendeu. Explica para gente, senhor Alfredo.

– Talvez essa menina vá trabalhar no campo da mediunidade quando for adulta! – respondeu sorrindo enigmaticamente e passando a mão sobre a cabeça de Bruna, dando a impressão para os demais presentes que ele estava apenas brincando.

O nome escolhido por ela foi respeitado por todos e, dessa forma, Osman, agora com o nome de Osmar, estava acolhido nos braços ternos do amor, sendo resgatado das garras do ódio que nada mais é do que *o amor que enlouqueceu*!

FIM

Tupã, outono de 2019.

VOCÊ PRECISA CONHECER

Elos de ódio
Ricardo Orestes Forni
Romance espírita • 14x21 cm • 240 pp.

Baseado em história real narrada por Divaldo Pereira Franco, *Elos de ódio* é um romance intenso que narra um conflito entre espíritos envolvidos pela lei de semeadura e colheita proporcionada pela reencarnação.

Triunfo de uma alma - recordações das existências de Yvonne do Amaral Pereira
Ricardo Orestes Forni
Biografia • 14x21 cm • 200 pp.

Yvonne do Amaral Pereira teve imensa força interior para realizar o triunfo de uma alma em sua última reencarnação. Mais do que uma homenagem, este livro é um importante alerta a todos nós viajantes na estrada evolutiva, sobre a colheita da semeadura que realizamos na posse de nosso livre-arbítrio.

Herdeiros da imortalidade
Ricardo Orestes Forni
Autoajuda • 14x21 cm • 192 pp.

O espírito reencarnado tem que participar do mundo material, onde assume responsabilidades. Com as atribulações do dia a dia, esquecemo-nos de quão fortes somos, e que podemos vencer as barreiras que a vida nos impõe. Nas páginas de *Herdeiros da imortalidade* mergulharemos na realidade espiritual dos motivos pelos quais transitamos temporariamente no mundo dos homens.

VOCÊ PRECISA CONHECER

André Luiz e suas revelações
Luiz Gonzaga Pinheiro
Estudo • 14x21 cm • 184 pp.

Ao longo da série *A vida no mundo espiritual* a alma humana é profundamente dissecada. Como cada livro trata de um tema individual, Luiz Gonzaga Pinheiro escolheu 20, desdobrando-os e aprofundando-os para que cheguem ao entendimento do leitor sem muito tempo para pesquisa ou sem afinidade com a ciência.

Doutrinação para iniciantes
Luiz Gonzaga Pinheiro
Doutrinário • 14x21 cm • 256 pp.

Criada e desenvolvida por Allan Kardec, a doutrinação espírita é usada para conduzir à luz os espíritos desencarnados. Antes muito voltada aos espíritos obsessores, hoje a doutrinação se destina a todos os espíritos. Neste livro, Luiz Gonzaga Pinheiro retoma o assunto que, em suas palavras, é "uma das mais belas tarefas da casa espírita", mas também "uma das mais difíceis de executar".

Suicídio – a falência da razão
Luiz Gonzaga Pinheiro
Estudo • 14x21 cm • 216 pp.

Por qual razão alguém se acha com o direito de agredir a vida? Todo aquele que atenta contra a vida comete um crime brutal contra as leis de amor instituídas por Deus. Nesta obra, Luiz Gonzaga Pinheiro analisa o suicídio sob diversos aspectos, sempre tentando desconstruir a ideia da sua prática, enfatizando o erro fatal que é a sua realização.

VOCÊ PRECISA CONHECER

Mediunidade para iniciantes
Luiz Gonzaga Pinheiro
14x21 cm • 184 pp.

A possibilidade de comunicação entre vivos e mortos é um tema que interessa a cada um em particular. Este estudo que Luiz Gonzaga Pinheiro nos apresenta é fundamental para os que desejam se informar sobre o que significa a mediunidade, tornando-nos mais aptos a perceber os seus sinais em nossa vida.

Diário de um doutrinador
Luiz Gonzaga Pinheiro
14x21 cm • 216 pp.

É obra que enfoca, através de relatos sintéticos e de fácil assimilação, a realidade de uma reunião de desobsessão. São narrados fatos reais, onde a necessidade de conhecimento doutrinário, da aquisição da disciplina moral e mental são indispensáveis. Recomenda-se como livro obrigatório para médiuns, dirigentes e doutrinadores em centros espíritas.

O perispírito e suas modelações
Luiz Gonzaga Pinheiro
Doutrinário • 16x22,5 cm • 352 pp.

Com este trabalho o autor vai mergulhar mais fundo no fascinante oceano espiritual. Obra imperdível para conhecer sobre o perispírito, suas modelações e os reflexos das atitudes no corpo espiritual. "Uma notável contribuição para o espiritismo brasileiro", no dizer do escritor Ariovaldo Cavarzan

VOCÊ PRECISA CONHECER

Se sabemos, por que não fazemos?
José Maria Souto Netto
Autoajuda • 14x21 cm • 160 pp.

O autor se debruça sobre as lições do espiritismo e do evangelho de Jesus para oferecer algumas reflexões, propor atitudes que nos ajudem na prática, que deve ser simples e natural, e para demonstrar que todos podem avançar do conhecimento para a vivência, sair da ignorância para a atitude.

Reencarnação - questão de lógica
Américo Domingos Nunes Filho
Estudo • 16x22,5 • 320 pp.

Este livro vem esmiuçar o tema reencarnação, provando em vários aspectos a sua realidade. Américo Domingos Nunes Filho realizou um estudo criterioso e muito bem embasado nos textos bíblicos, em experimentos científicos, nos depoimentos de estudiosos de diversas áreas do conhecimento humano, constituindo-se numa obra que não comporta contestação por sua clareza e veracidade.

Os animais na obra de Deus
Geziel Andrade
Estudo • 14x21 • 272 pp.

Geziel Andrade vem nos mostrar, em seu livro *Os animais na obra de Deus*, como se processa a evolução do princípio inteligente.

Esse princípio inteligente, criado por Deus, percorre uma longa jornada, lenta e continuadamente, desde as formas mais primitivas, passando por inumeráveis experiências até atingir a condição humana, e daí, novamente, tem pela frente desafios e retornos à vida material até alcançar a angelitude, destino final de toda criatura.

VOCÊ PRECISA CONHECER

Espelho d'água
Mônica Aguieiras Cortat • Alice (espírito)
Romance mediúnico • 16x22,5 cm • 368 pp.

Em *O Livro dos Médiuns*, a mediunidade de cura está perfeitamente catalogada, deixando muito claro a importância do assunto, que é o tema central deste romance psicografado por Mônica Aguieiras Cortat, narrando a história das gêmeas Alice e Aline – cada uma com seus diferentes dons, adquiridos ao longo de muitas vidas.

Paixão & sublimação - A história de Virna e Marcus Flávius
Ana Maria de Almeida • Josafat (espírito)
Romance mediúnico • 14x21 • 192 pp.

Atravessando vários períodos da História, Virna e Marcus Flávius, os personagens desta trama, serão submetidos ao cadinho das experiências e das provações e, como diamante arrancado da rocha, serão lapidados através das múltiplas experiências na carne até converterem-se em servos de Deus.

O faraó Merneftá
Vera Kryzhanovskaia • John Wilmot Rochester (espírito)
Romance mediúnico • 16x22,5 • 304 pp.

O livro *O faraó Merneftá*, personagem que representa uma das encarnações de Rochester, autor espiritual da obra, nos mostra com grande veracidade a destruição que o sentimento de ódio desencadeia na vida do espírito imortal.

Vivendo na época de Moisés, um tempo de repressão e disputa pelo poder, as paixões exacerbadas de seus protagonistas provocaram tragédias que demandariam muito tempo para serem superadas.

VOCÊ PRECISA CONHECER

O veterinário de Deus
Diversos autores
Contos • 14x21 cm • 152 pp.

Reunindo alguns de seus maiores autores – Donizete Pinheiro, Ricardo Orestes Forni, Zélia Carneiro Baruffi, Lúcia Cominatto, Rubens Toledo, Dauny Fritsch e Isabel Scoqui – a Editora EME resgata o gênero literário que mais atrai leitores no mundo inteiro, de todas as idades: os contos.

Fome de quê?
Marcelo Teixeira (organizador)
Estudo • 14x21 cm • 184 pp.

Em um mundo em que há famintos de toda ordem, o pesquisador espírita, conhecedor de tantas verdades imorredouras, sabe muito bem que é preciso sair em marcha para que as fomes de todos sejam saciadas. Só assim compreenderemos o que é caminhar pelas alamedas e avenidas de uma sociedade que se regenerou porque todos os elementos que nela vivem estão satisfeitos em suas necessidades materiais e espirituais.

Entre a fé e a razão - o amor
Rubens Molinari
Estudo • 14x21 cm • 192 pp.

O espiritismo trouxe-nos novas verdades espirituais, reavivando os ensinos de Jesus.

Com *Entre a fé e a razão – o amor*, Rubens Molinari comprova que o estudo doutrinário nos oferece plena liberdade moral de forma a nos amarmos mutuamente, com toda a caridade e dentro da perfeita justiça do Pai.

VOCÊ PRECISA CONHECER

Reflexões diárias de Blandina
César Crispiniano • Blandina (espírito)
Mensagens mediúnicas • 10x14 cm • 144 pp.

Na aflição dos dias atuais, o ser humano se agita ante as dificuldades atrozes e acaba agindo por impulso. Com o objetivo de contribuir para minorar esse quadro vivencial, *Reflexões diárias de Blandina* traz a motivação necessária para que o leitor pense na sua vida, nos seus sonhos – ou mesmo nos seus problemas atuais –, e reflita melhor sobre eles.

Respostas espíritas
Donizete Pinheiro
Estudo • 14x21 cm • 224 pp.

Sempre estamos em busca de respostas para os problemas que atormentam o nosso dia a dia e impedem que vivenciemos aqui mesmo a desejada felicidade.

O Evangelho de Maria Madalena
José Lázaro Boberg
Estudo • 14x21 cm • 256 pp.

Neste livro, José Lázaro Boberg busca reconstruir a verdade sobre Maria Madalena, uma das personagens femininas mais fortes da literatura antiga e que está presente nas reflexões espíritas. O que dizem os outros evangelhos? Ela foi esposa de Jesus? Foi prostituta? Foi a verdadeira fundadora do cristianismo?

VOCÊ PRECISA CONHECER

Peça e receba – o Universo conspira a seu favor
José Lázaro Boberg
Estudo • 16x22,5 cm • 248 pp.

José Lázaro Boberg reflete sobre a força do pensamento, com base nos estudos desenvolvidos pelos físicos quânticos, que trouxeram um volume extraordinário de ensinamentos a respeito da capacidade que cada ser tem de construir sua própria vida, amparando-se nas Leis do Universo.

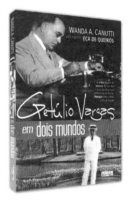

Getúlio Vargas em dois mundos
Wanda A. Canutti • Eça de Queirós (espírito)
Romance mediúnico • 16x22,5 cm • 344 pp.

Getúlio Vargas realmente suicidou-se? Como foi sua recepção no mundo espiritual? Qual o conteúdo da nova carta à nação, escrita após sua desencarnação? Saiba as respostas para estas e outras perguntas, agora em uma nova edição, com nova capa, novo formato e novo projeto gráfico.

A vingança do judeu
Vera Kryzhanovskaia • J. W. Rochester (espírito)
Romance mediúnico • 16x22,5 cm • 424 pp.

O clássico romance de Rochester agora pela EME, com nova tradução, retrata em cativante história de amor e ódio, os terríveis fatos causados pelos preconceitos de raça, classe social e fortuna e mostra ao leitor a influência benéfica exercida pelo espiritismo sobre a sociedade.

Não encontrando os livros da **EME** na livraria de sua preferência, solicite o endereço de nosso distribuidor mais próximo de você através de
Fones: (19) 3491-7000 / 3491-5449
(claro) 9 9317-2800 (vivo) 9 9983-2575
E-mail: vendas@editoraeme.com.br – Site: www.editoraeme.com.br